VENDAS:
ciência ou intuição?

CARO(A) LEITOR(A),
Queremos saber sua
opinião sobre nossos livros.
Após a leitura, siga-nos no
linkedin.com/company/editora-gente,
no TikTok **@editoragente** e no
Instagram **@editoragente**, e visite-nos
no site **www.editoragente.com.br**.
Cadastre-se e contribua com
sugestões, críticas ou elogios.

FLAVIA MARDEGAN

VENDAS:
ciência ou intuição?

*A metodologia definitiva para
ir direto ao ponto e vender mais*

Diretora
Rosely Boschini

Gerente Editorial Sênior
Rosângela de Araujo Pinheiro Barbosa

Editoras
Carolina Forin
Juliana Fortunato

Assistentes Editoriais
Camila Gabarrão
Monique Oliveira Pedra

Produção Gráfica
Leandro Kulaif

Edição de Texto
Franciane Batagin Ribeiro

Preparação
Gleice Couto

Capa
ConsultMKT

Montagem de Capa
Miriam Lerner

Projeto Gráfico
Márcia Matos

Adaptação e Diagramação
Gisele Baptista de Oliveira

Revisão
Eliana Moura Mattos
Fernanda Guerriero Antunes

Impressão
Edições Loyola

Copyright © 2024 by Flavia Mardegan
Todos os direitos desta edição
são reservados à Editora Gente.
R. Dep. Lacerda Franco, 300 – Pinheiros
São Paulo, SP – CEP 05418-000
Telefone: (11) 3670-2500
Site: www.editoragente.com.br
E-mail: gente@editoragente.com.br

Dados Internacionais de Catalogação na Publicação (CIP)
Angélica Ilacqua CRB-8/7057

Mardegan, Flavia
    Vendas : ciência ou intuição? : a metodologia definitiva
para ir direto ao ponto e vender mais / Flavia Mardegan. -
São Paulo : Editora Gente, 2024.
    192 p.

ISBN 978-65-5544-475-9

1. Vendas I. Título

24-1857   CDD 658.85

Índices para catálogo sistemático:
1. Vendas

NOTA DA PUBLISHER

Agenda lotada, pressão por metas, negociações complexas, concorrência acirrada, rejeição... se você conhece pelo menos a metade dessas dificuldades, posso afirmar com segurança que você trabalha na área de vendas. Acertei? Isso tudo pode ser bastante comum na rotina de vendedores, mas o que talvez nunca tenham deixado claro para você é que essa não precisa ser a sua realidade.

Se você não acredita no que eu estou dizendo, está no lugar certo – e com o livro certo em mãos. Existem muitos conceitos de como desenvolver uma rotina que leve ao sucesso na área comercial, porém a maioria deles não foca o que é realmente necessário: as pessoas.

Este não é apenas um livro sobre como vender, mas também sobre como alcançar e superar metas, criando valor duradouro para os seus clientes e para a sua empresa. É uma obra que redefine o conceito de vendas e destaca a importância de as pessoas estarem no centro de qualquer estratégia comercial.

Aqui, a especialista em estratégias de vendas Flavia Mardegan mostra que não existe nenhuma fórmula mágica, e sim uma estrutura muito bem desenhada, considerando que a lógica do processo comercial é uma só. Com expertise e visão inovadora, a autora desvenda o verdadeiro motor das vendas eficazes: uma metodologia científica aliada a uma compreensão empática do cliente.

Então, se você quer descobrir se vendas é ciência ou intuição, saiba que a resposta está nestas páginas. Prepare-se para quebrar muitas ideias preconcebidas sobre esse processo e conhecer novos pontos de vista que você deve aplicar sem demora.

Boa leitura!

ROSELY BOSCHINI
CEO e Publisher da Editora Gente

Dedico este livro aos meus pais e avós,
que foram a minha base e me ensinaram
o valor do estudo, da disciplina, do trabalho
e do respeito e amor ao próximo.

Ao meu irmão, que sempre esteve
ao meu lado, e à minha cunhada.

A todos os meus colegas de trabalho e clientes,
que me propiciaram desenvolver uma metodologia
que de fato pode transformar a vida das pessoas e
garante resultados incríveis aos que a aplicam, pois
foi com eles que pude observar, aprender, testar e
vivenciar experiências transformadoras.

Dedico este livro também aos meus amigos e
mestres, que ao longo de minha vida pessoal,
espiritual e profissional me acolheram e me
ajudaram a ter novos olhares e a desenvolver
reflexões importantes para meu crescimento.

Por fim, dedico este livro a você, vendedor, que
se orgulha de sua profissão e quer voar alto e
conquistar resultados incríveis com seu trabalho.

SUMÁRIO

Prefácio 11

Introdução 13

Como usar este livro? 18

Capítulo um | As raízes da falta de resultado 19

Capítulo dois | Elimine o que atrasa você! 29

Capítulo três | Seja o dono dos resultados! 45

Capítulo quatro | Passo 1: Quem é o meu cliente?
Como criar uma profunda conexão com ele 57

Capítulo cinco | Passo 2: O que o meu cliente
busca? Compreendendo realmente as necessidades
técnicas, financeiras e emocionais 73

Capítulo seis | Passo 3: Qual é a melhor solução
para o meu cliente? Desenvolvendo a solução ideal 95

Capítulo sete | Passo 4: Por que o cliente
comprará de mim? Despertando o desejo de compra 103

Capítulo oito | Passo 5: Como o cliente
comprará de mim? Concretizando sonhos_____117

Capítulo nove | Apêndice: Como contornar as
objeções do cliente? Se conseguir transformar
"não" em "sim", você fez a venda_____137

Capítulo dez | Passo A: Como posso criar uma
carteira de clientes com resultados consistentes?
Administrando um ciclo de vendas sustentável_____147

Capítulo onze | Passo B: Como entregar um pós-venda
memorável e manter um relacionamento duradouro
com o cliente? O elo para a próxima venda_____161

Capítulo doze | Comece hoje, comece agora: Só
depende de você obter resultados extraordinários!_____171

Capítulo treze | Celebre! Você merece
viver agora o sucesso que sempre sonhou_____179

Glossário_____184

Referências_____189

PREFÁCIO

Amigo, amiga, antes de qualquer coisa, é preciso entender que, sem preparo e treinamento, vender pode ser um evento catastrófico. Para o cliente, que não recebe o produto ou o serviço e acaba frustrado. E para o próprio vendedor, que perde a possibilidade de ser reconhecido como um profissional de excelência. Isso corrói relações e gera grandes perdas para todas as partes envolvidas.

Você é do time que acredita que vender bem e encantar clientes é uma característica que nasce com a pessoa ou prefere ser mais racional e considerar que é uma habilidade que pode ser aprendida e desenvolvida até a excelência? Se você defende a primeira opção, prepare-se para se surpreender e conhecer uma realidade totalmente nova.

Diferentemente do que muitos acreditam, atuar em vendas não deve ser motivo de vergonha, e sim de admiração e honra. Só os grandes profissionais conseguem conquistar altos patamares nesse mercado, e é isso que você vai alcançar após a leitura deste livro. Como costumo dizer, quando combinamos os passos certos, pelos caminhos certos, nos momentos adequados, e contamos com os recursos e as pessoas certas, conseguimos chegar a qualquer lugar. E acredito que, se você abriu este livro, é porque está pronto para isso, pois tem a ambição necessária e o forte desejo de crescer e se desenvolver na sua carreira.

Se você já é vendedor, pare e pense: não seria muito satisfatório poder oferecer para a sua família tudo o que ela deseja, passar tempo de qualidade com quem você ama, realizar sonhos e ser uma referência profissional? Se você é empresário ou gestor, pare e pense: como você se sentiria se tivesse uma equipe extraordinária de vendas, que transforma a experiência do cliente no pré-venda, na venda e no pós-venda e ainda fatura sem parar? Em ambos os cenários, essa sensação é maravilhosa, não é? Todos queremos prosperar.

Agora pense no quanto você tem se dedicado para se tornar o melhor que você pode ser. Tem sido suficiente? Você já é o melhor que pode ser na sua carreira ou almeja se tornar cada vez maior? Lembre-se de que apenas colhemos o que plantamos. Então, se você planta comodismo, nunca colherá alta performance nem ganhos exponenciais.

Para que as suas aspirações se tornem realidade – e eu sei que elas estão aí dentro –, só é necessário querer começar e dar o primeiro passo. E você tem em mãos a ferramenta certa para isso. A vontade de vencer é um dos maiores motores da capacitação, e a capacitação está nestas páginas. Você não está sozinho.

Flavia Mardegan é uma estudiosa da área comercial e, por isso, pode dar os direcionamentos necessários para que você trilhe o caminho do sucesso. "O sucesso deve ser estabelecido pelo compromisso de ganhar, e não pelo medo de perder" é uma frase poderosa dessa mulher genial e deve ser o seu guia a partir de agora. Mudar o seu futuro depende apenas do quanto você vai se dedicar para chegar ao tesouro que o espera no fim desta jornada.

Ótima leitura!

PAULO VIEIRA
Criador do Método CIS e autor best-seller

INTRODUÇÃO

Você acha que vendas é pura intuição e pouca estratégia? Que o bom vendedor "nasce pronto"? Que compor um time de vendas assertivo é muito mais uma questão de traçar metas do que de desenvolver pessoas? E que soluções manipulativas levam a resultados mais rápidos? Bom, este livro é para você. Independentemente de qual seja a sua resposta para cada uma dessas perguntas. E explico o porquê: aqui abordarei todos os temas, e você entenderá como o processo de vendas funciona e o que o potencializa.

Mas, antes, prazer! Meu nome é Flavia Mardegan, sou uma *pesquisadora social apaixonada por vendas e pessoas* – com destaque mesmo! Nas próximas páginas, vou lhe mostrar que alguns paradigmas em vendas são apenas falácias que, além de não corresponderem à verdade, podem atrapalhar a sua carreira na área comercial.

Tudo o que conquistei na minha vida foi por meio do meu trabalho como vendedora e, posteriormente, como gerente comercial e disseminadora de conhecimento em soluções de treinamento para equipes de vendas e atendimento ao cliente. São mais de vinte e oito anos de atuação na área comercial de grandes empresas.

Nessa trajetória, descobri outra coisa pela qual sou apaixonada: impactar positivamente a vida das pessoas e transformar negócios. Sabe aquilo que realmente faz tudo valer a pena? Pois é.

Um dia, recebi o seguinte depoimento de uma pessoa que passou por um de meus treinamentos: "Eu era motorista. Nunca imaginei que pudesse trabalhar com vendas e ganhar o que estou ganhando. Você transformou a minha vida. Tive o meu melhor Natal. Ganhava 900 reais por mês, um salário mínimo na época, e hoje ganho mais de 6 mil reais. Posso dar o melhor para a minha filha e neta e nunca tinha imaginado essa realidade".

Essa foi uma entre as mais de 20 mil pessoas que passaram por mim e testaram a metodologia que apresentarei a você, caro leitor, a qual chamo de **As chaves da venda**, responsável por aumentar exponencialmente os resultados comerciais dos meus alunos. Assim, com esses passos, melhorarei os seus ganhos e a sua vida.

Foi um processo que surgiu a partir não apenas da *pesquisa vivencial e análise crítica* dos meus mais de 3 mil atendimentos como vendedora, mas também da observação de milhares de atendimentos de meus colegas de profissão, além da observação e atuação em outros milhares de atendimentos como gerente comercial. Resumindo, consolidei esses achados em minha pesquisa de mestrado, na qual me dediquei a estudar como os grandes vendedores se tornaram grandes vendedores. Por seu ineditismo, essa pesquisa trouxe-me notoriedade acadêmica e profissional.

Assim, ficou claro que vendas é um processo lógico, e não intuitivo, como a maioria das pessoas pensa. O tema "vender" pode ser treinado e aprendido, bem como qualquer outra habilidade. É tudo questão de criar a melhor estratégia a partir do entendimento de quem é o seu cliente, de quem é a pessoa que você está atendendo, independentemente do produto ou serviço que você vende ou de ser uma venda de impacto ou de ciclo longo com alto valor agregado. Os livros, em geral, costumam separar as vendas com base nesses segmentos; porém, com mais de vinte e oito anos de jornada, descobri que o campo de vendas tem um caminho único, não importa se direto ao consumidor (B2C) ou entre empresas (B2B). Vendas são feitas por pessoas, e seu processo possui uma estrutura comum a todos os setores, a qual apresentarei aqui nos próximos capítulos. É claro que você lidará com as especificidades do ramo no qual atua, mas *a lógica do processo comercial é e sempre será a mesma.*

Não são táticas milagrosas. Tampouco abordagens agressivas. Pelo contrário. Acredito que vendas é relacionamento. É emoção. Troca. Assertividade. Empatia. É tocar o coração do outro. Enxergar o mundo pelos olhos do cliente para oferecer a melhor solução a ele. E, justamente por isso, o pano de fundo de *toda a metodologia é a empatia.* Entretanto, perceba que, quando digo "empatia", não quero parecer "fofa" ou usar uma palavra da moda, pois de nada adianta um bom atendimento se ele não leva

14   Vendas: ciência ou intuição?

ao fechamento do contrato. Assim, a *empatia é o que nos leva a uma conexão profunda primeiro com nós mesmos, e em seguida com o outro*. Ela nos habilita a uma maior compreensão de como montar a melhor estratégia de atendimento e negociação.

Desse modo, são cinco os passos fundamentais que vão desde como criar conexão com o seu cliente e realizar uma boa fase de descoberta, passando pelas melhores técnicas de despertar o desejo de compra, até a construção de uma excelente negociação. Adiciono, a esses, mais dois passos, que fornecem apoio na conquista dos resultados, visto que estão conectados à estratégia comercial e à atuação pós-atendimento. O resultado comercial não vem somente de um bom atendimento, mas, sim, de um trabalho construído previamente.

Além disso, vale comentar que o foco da metodologia está no *Ponto Emocional Principal* (PEP), o cerne da venda. Ele é a razão emocional que guia o seu cliente para fechar a venda, os valores pessoais que servirão de base para a tomada de decisão. Claro, vamos nos aprofundar nesse assunto mais à frente, mas já adianto: no PEP reside o seu principal trunfo para colecionar resultados incríveis e rápidos. E friso: técnicas isoladas de fechamento não aumentarão o seu resultado; afinal, vendas é um trabalho que exige estratégia e construção. Não podemos começar a construir uma casa pelo telhado, não é verdade? Precisamos começar pela fundação, pelas paredes; depois, vem o telhado.

Assim, o meu objetivo é ensinar você a desenvolver uma *inteligência comercial*. Isso mesmo! Darei caminhos para "pensar vendas" a partir de um profundo entendimento do que é um processo comercial. Não tenho a pretensão de esgotar técnicas aqui, mas quero que você saiba quando usar o que aprendeu ao longo de sua carreira – porém, no momento certo. Porque a questão não está *na técnica*, e sim *no momento certo* de usá-la. É sobre isso que falaremos: sobre como aproveitar melhor as respostas que você aprendeu a colher, por meio de perguntas que aprendeu a fazer.

Quando o assunto é atuar dentro do mundo de vendas, é preciso levar em consideração as diferentes culturas que existem em nosso país, ou seja, precisamos nos adequar aos mais variados ambientes. As pessoas mudam, as culturas são diferentes, mas o caminho de um processo comercial que leva ao resultado extraordinário é sempre o mesmo. Por isso, o seu papel como empresário, gerente ou vendedor é entender que você é o agente que tem o poder de criar o ambiente favorável para ajudar o seu cliente a tomar a melhor decisão. Para isso, é preciso ter domínio de suas emoções, competências e recursos para desenvolver o melhor caminho na busca do sucesso. Ao levar a solução ideal para o cliente, você atinge o seu potencial como profissional. *E esta é a essência das grandes vendas: você!*

Lembra-se do depoimento que deixei no início? Quando iniciei o treinamento, ouvia muito que essa minha aluna "não sabia vender". Na verdade, ela mal sabia atender ao telefone corretamente. E me orgulho em dizer: hoje, ela está "voando". Segue os passos da metodologia para entregar a melhor solução para os seus clientes, administra com maestria a sua carteira, trabalha o pós-venda e bate metas. Ela tem uma estratégia! Tem uma base lógica que a sustenta. Aprendeu a "pensar vendas". Para a loja de decoração de alto padrão em que trabalha, essa lista de conquistas significa mais vendas, menos descontos, maior taxa de conversão e mais lucratividade. Qual líder de vendas não quer uma vendedora assim? Com autorresponsabilidade e estratégia, ela desenvolveu habilidades e despertou o seu poder extraordinário para conquistar os objetivos da vida pessoal e profissional. Ela entendeu que é responsável por seus resultados. E isso é o que desejo para você em sua jornada.

Mas preciso tocar em uma ferida antes de finalizarmos esta introdução. Os vendedores não batem metas não apenas porque não têm técnica, mas porque não têm as competências emocionais necessárias, bem como um raciocínio lógico. Eles se pautam na intuição ou em técnicas isoladas que aprenderam em vários cursos e treinamentos pelos quais passaram.

No meu caso, e pensando na situação da vendedora do exemplo, eu não queria escrever "mais um livro sobre vendas". Queria algo que unisse um método científico testado e com resultados comprovados a uma abordagem que despertasse o extraordinário poder transformador de cada profissional de vendas. Minha intenção era ter uma obra que fosse além de técnicas mágicas ou scripts que são decorados por vendedores, o que definitivamente não funciona. Queria algo que garantisse resultados efetivos, visitando situações que vi e vivi durante décadas de experiência. Enfim,

16 Vendas: ciência ou intuição?

desejo que estas páginas sirvam de *apoio seguro* na construção dos seus resultados extraordinários.

Com o que encontrará aqui, poderá começar hoje mesmo. Será preciso apropriar-se de sua profissão e assumir o controle de seus resultados de modo estruturado e estratégico. Você poderá conquistar os seus sonhos por meio da sua profissão. Ser vendedor não deve ser motivo de vergonha, mas de orgulho. Até hoje, sou a maior vendedora do meu negócio. E afirmo com convicção: são os vendedores que movimentam o mundo! Tudo começa pela venda de uma ideia, de um serviço ou produto.

Se por acaso você estiver em dúvida, faço um convite: teste! Aplique, pratique e colha os resultados. Acima de tudo, vendedor, reconheça o seu poder de transformar vidas e empresas com o seu conhecimento, produto ou serviço. É isso que um bom vendedor, gerente ou empresário faz!

Por fim, para você, gestor comercial e empresário, este é o momento oportuno de reavaliar os investimentos realizados em treinamento para a sua equipe. Aqui, você terá um caminho para desenhar a trajetória de aprendizado e clareza dos pontos que devem ser observados para planejar um treinamento que foque a causa dos baixos resultados, e não o efeito. Você terá ferramentas para ajudar a sua equipe a desenvolver um olhar profissional, estratégico e lógico em vendas.

Preparado para buscar resultados extraordinários?

Vire a página e vamos começar a nossa jornada!

COMO USAR ESTE LIVRO?

minha ideia é munir você, vendedor, gestor ou empresário, com o maior número de informações confiáveis para aumentar exponencialmente os seus resultados em vendas. Por isso, ao final dos capítulos, proponho atividades que servirão de guia e apoio para a criação da trajetória que o levará ao sucesso. É um modo de fixar o conteúdo e começar a colocar em prática os aprendizados. Quando finalizar, você terá todo o caminho para aumentar suas vendas ou as de sua equipe.

Vale reforçar, entretanto, que, nos capítulos 4 a 12, criei um resumo para ajudar você e sua equipe a memorizar ou a treinar este conteúdo, com atividades específicas relacionadas a cada etapa. Há, inclusive, espaço para você registrar as suas respostas, de modo que o livro se torne, além de uma fonte de consulta, um "amigo" para guiar você no dia a dia.

Ao longo do livro, faça links com os atendimentos que já realizou e reflita sobre eles. Pense em como a metodologia poderia ter sido aplicada. O que você desenvolveu, mesmo inconscientemente, e o que poderia ter realizado. Essa reflexão vai gerar melhor entendimento para trilhar um novo caminho rumo ao sucesso! Resultados extraordinários exigem novos olhares, novos paradigmas e novos comportamentos.

Além disso, ao terminar o último capítulo, você encontrará um *glossário* com a explicação detalhada de termos usados nesta obra. São expressões comuns no mundo das vendas, e que você precisa dominar. Assim, caso esteja lendo um capítulo e tenha dúvida em relação a alguma palavra ou expressão, dê um pulo no fim do livro, pois encontrará a definição ali.

Tudo foi pensado para que você expanda o seu conhecimento e vá além!

1

As raízes da falta de resultado

As metas em vendas não são alcançadas, em grande parte, porque os vendedores não se consideram importantes no processo, não sentem orgulho de sua profissão e muito menos se sentem merecedores do sucesso. No Brasil, dificilmente encontro equipes comerciais empoderadas e vendedores orgulhosos de sua profissão. Nos Estados Unidos, filmes são feitos contando a história de grandes vendedores e de como construíram uma carreira de sucesso, como *Fome de poder*,[1] *À procura da felicidade*,[2] *Walt antes do Mickey*,[3] *Jobs*,[4] *O lobo de Wall Street*[5] e outros. Você consegue enxergar isso no Brasil? Eu, não. E o resultado disso? Como efeito colateral, a taxa de mortalidade das empresas no comércio é de 30,2% em cinco anos, por não conseguirem vender seus produtos ou serviços.[6]

A importância desses brilhantes vendedores nem sempre é reconhecida. Fico me perguntando, então, por que, no Brasil, a profissão de vendedor é vista com desdém. Isso só colabora para a desvalorização da carreira e diminuição da autoestima dos vendedores. Lembro-me de uma colega da loja de móveis em que eu trabalhava que, ao ligar para os seus clientes, nunca se

---

[1] FOME de poder. Direção: John Lee Hancock. EUA: FilmNation Entertainment, The Combine Faliro House Productions S.A., 2016. Vídeo (115 min). Disponível em: www.primevideo.com. Acesso em: 11 mar. 2024.

[2] À PROCURA da felicidade. Direção: Gabriele Muccino. EUA: Overbrook Entertainment, Escape Artists, Relativity Media, Columbia Pictures, 2006. Vídeo (117 min). Disponível em: www.netflix.com. Acesso em: 11 mar. 2024.

[3] WALT antes do Mickey. Direção: Khoa Lê. EUA: Conglomerate Media, Lensbern Entertainment, ALB Productions, 2015. Vídeo (120 min). Disponível em: www.primevideo.com. Acesso em: 11 mar. 2024.

[4] JOBS. Direção: Joshua Michael Stern. EUA: Five Star Feature Films, IF Entertainment, Venture Forth, Silver Reel, Endgame Entertainment, 2013. Vídeo (129 min). Disponível em: www.netflix.com. Acesso em: 11 mar. 2024.

[5] O LOBO de Wall Street. Direção: Martin Scorsese. EUA: Red Granite Pictures, Appian Way Productions, Sikelia Productions, Emjag Productions, 2013. Vídeo (180 min). Disponível em: www.primevideo.com. Acesso em: 11 mar. 2024.

[6] A TAXA de sobrevivência das empresas no Brasil. **Sebrae**, 27 jan, 2023. Disponível em: https://sebrae.com.br/sites/PortalSebrae/artigos/a-taxa-de-sobrevivencia-das-empresas-no-brasil,d5147a3a415f5810VgnVCM1000001b00320aRCRD. Acesso em: 13 fev. 2024.

identificava como vendedora, e sim como a designer do cliente – o que não era verdade. Era como se tivesse vergonha da sua profissão. Ela não percebia sua justa importância, o que impactava diretamente seus resultados comerciais. Essa colega se enxergava como uma profissional de design que tinha que vender para sobreviver, e não como uma profissional de sucesso que tinha nas vendas a possibilidade de realizar os próprios sonhos, por meio de suas competências técnicas em design, aprendidas anteriormente.

Contratos não são fechados porque os vendedores *não se apropriam de sua profissão*. Não percebem vendas como uma carreira promissora. Ou seja, não acreditam no poder de transformação que têm em mãos. Não se orgulham de ser vendedores. Não enxergam o próprio potencial.

Aliado a isso, vemos a enorme quantidade de dinheiro que é deixada na mesa, com vendas perdidas todos os meses pelas empresas, por não terem uma equipe empoderada e que cuida de seus clientes adequadamente. E essas vendas não são fechadas por uma série de fatores. O principal, além da já citada falta de empoderamento, é a ausência de um caminho seguro para o vendedor seguir. Falta estratégia, metodologia, treinamento e preparo.

É uma mudança de paradigma, percebe? Apoderar-se de seu papel e dizer, de boca cheia, que "é" vendedor – e não que "está" vendedor – é assumir uma nova postura. Significa traçar um planejamento, ter autorresponsabilidade por seus resultados, desenvolver habilidades e buscar uma metodologia para guiar o seu trabalho. Não existe isso de dizer: "Não nasci vendedor". *Você pode ser o que quiser, conquistar o resultado que quiser, desde que se dedique e tenha uma metodologia adequada.* Desse modo, antes de olharmos para técnicas e processos comerciais, precisamos olhar para as pessoas. São elas que realizam negócios. Em outras palavras, vamos falar sobre *vendedores* e *clientes*.

EM PRIMEIRO LUGAR, OS VENDEDORES

Para que os vendedores ajudem os seus clientes a conquistarem os próprios sonhos e objetivos, é preciso resgatar algo dentro de si. Eles precisam entender o próprio *poder transformador* que têm, seja como pessoa física, seja como jurídica. Aqui está uma raiz do problema: as empresas tentam consertar a consequência do problema e tratam os sintomas, em vez de atuarem na causa e no que está gerando o caos.

Elas acabam contratando cursos de vendas para ensinar técnicas, quando, na verdade, precisam focar uma mudança de comportamento. Antes de tudo, é necessário empoderar o vendedor como profissional, resgatar a sua capacidade de sonhar. Ajudá-lo a implementar uma nova mentalidade de ser merecedor. Desenvolver pessoas valorosas que merecem ter tudo o que sempre sonharam e mostrar que o trabalho é a chave para muitas dessas conquistas.

Feito isso, é hora de aumentar a capacidade de "pensar vendas", ou seja, aumentar a *inteligência comercial*, entendendo que vendas é um processo construído etapa a etapa, e não um conjunto de técnicas usado de maneira isolada. Os vendedores estão cheios de técnicas, fazem os mais diversos cursos pontuais – dentro ou fora da empresa –, mas os resultados continuam os mesmos. Isso acontece porque essas atividades estão focadas somente em entregar ferramentas técnicas e persuasivas, que estão desconectadas entre si; focam o externo, e não o desenvolvimento e o empoderamento do indivíduo; focam, muitas vezes, apenas a qualidade do atendimento, e isso não é suficiente.

A venda precisa ser encarada como um processo estratégico, e, para que essa ação seja bem-sucedida, é necessário resgatar o humano no processo! *Deve-se começar pelas pessoas, e não pelas coisas.*

Tive a oportunidade de encontrar, em um evento no consulado brasileiro em Nova York, um conselheiro de um grande grupo varejista. Ele me disse: "As empresas investem mais em coisas do que em pessoas, e isso está errado". Ele comentou que consegue com facilidade 2 milhões de reais para construir uma loja, mas, quando pede 200 mil reais para investir em treinamento, é um "parto". Os empresários enxergam *desenvolvimento de pessoas* como *gasto*, e não como *investimento*. E a pior fala que ouço de empresários é: "Vou contratar um treinamento, preparar o vendedor, e depois ele vai embora". Como assim? Os vendedores só saem de suas empresas porque não estão ganhando dinheiro ou o ambiente é nocivo demais. Vendedor que ganha dinheiro não troca de empresa. Profissional feliz fica em "casa"!

Mas, para ser justa e apontar ambos os lados da moeda, existe outra questão. Em meus treinamentos, pergunto sempre aos vendedores quando foi que eles investiram na própria carreira, fazendo um curso ou lendo um livro. A maioria nada me responde. As pessoas querem respostas mágicas, querem algo milagroso, mas não querem pagar o preço de construir um trabalho consistente.

Fica claro que tanto empreendedores quanto profissionais têm dificuldade de ver que o processo de desenvolvimento pessoal é fundamental na construção de resultados. É preciso ter uma estratégia sólida, disciplina, e querer pagar o preço para conquistar os resultados desejados.

Além disso, é interessante observar os gerentes e empresários que me chamam para reuniões interessados em técnicas para melhorar a negociação, pois seus vendedores estão dando muito desconto. Como sempre digo: *Se o problema é observado em uma etapa, a raiz está sempre em uma etapa anterior.* Guarde isso! Quando aprofundo a conversa, percebo que a equipe não sabe se conectar com os clientes, não tem as informações necessárias para construir uma boa negociação, não sabe agregar valor aos produtos ou serviços, pensa com o seu "bolso", e não com o "bolso" dos clientes. São vários os motivos. Esses vendedores enxergam a negociação como um evento pontual: dar desconto e falar de preço, e não como algo que é construído desde a primeira reunião com o cliente. A reclamação é sempre a mesma: estamos perdendo por preço. Em vez de dar a justificativa mais fácil, sugiro ter coragem para olhar de fato qual é a raiz do problema, e não colocar a culpa em algo externo, como na concorrência.

Vejamos essa análise específica da concorrência, por exemplo: minha experiência mostra que a concorrência impacta somente 9% na perda de contratos. Surpreendente, não é? Ou seja, muito mais do que sair por aí falando que os concorrentes estão fazendo com que os resultados não venham, chegou a hora de encararmos a verdade de que existem muitas outras camadas na falta de conversão.

DEPOIS, OS CLIENTES

É curioso observar que os vendedores olham para os seus clientes como objetos que os farão conquistar as suas metas. Esse processo não é o ideal. Clientes são pessoas, não coisas. Com base em seus valores, eles tomarão decisões, mesmo em uma relação B2B. Nesse caso, você está falando com

VENDEDORES ESTÃO CHEIOS DE TÉCNICAS QUANDO, NA VERDADE, ELES PRECISAM DE ESTRATÉGIAS.

VENDAS: CIÊNCIA OU INTUIÇÃO?
@MARDEGANTR

um comprador que tem metas de custos e critérios particulares que vão além de razões lógicas, inconscientes e emocionais que o farão escolher comprar de você ou não. Na venda B2B, uma decisão errada do comprador/decisor pode custar o emprego dele. Assim, clientes não são objetos.

Quando fui gerente, era comum um vendedor dizer para mim: "Nossa, Flá, peguei um projetão". A minha resposta sempre era: "Que bacana! Quem é a pessoa do projetão?". É isso que realmente importa. É preciso conhecer a pessoa que fará uso desse "projetão". Deve-se conversar com a pessoa, e não com o ambiente, criar uma conexão profunda e depois extrair as informações necessárias para despertar o desejo com a melhor solução que fará o cliente pagar o que você cobra. Não é somente uma questão de vender mais. Vender mais é fácil. É uma questão de *vender melhor e sempre*, de manter-se em relacionamento com os seus clientes.

E a maioria dos vendedores não entende as reais questões de seus clientes, os reais motivos que os estão levando a fazer aquela compra. Isso ocorre porque vendedores, gerentes e empresários não entendem as pessoas. Não é raro um vendedor de alta performance pedir uma indicação de livro de vendas ou curso para aprimorar as suas técnicas. Geralmente respondo: "No seu caso, não faça mais um curso de vendas. Você já tem muita técnica. Faça um curso de autoconhecimento ou autodesenvolvimento, ou leia algum livro que o ajude a aprender a escutar mais, a entender mais de pessoas, como um curso de eneagrama[7] ou a linha que fizer mais sentido para você. Enfim, procure algo de que você goste sobre pessoas – isso, sim, vai ajudá-lo a vender mais".

Em resumo, vendedores estão cheios de técnicas quando, na verdade, eles precisam de estratégias. Precisam de um caminho seguro e, antes de tudo, de autoconhecimento. Devem olhar para si para, depois, serem capazes de conhecer o próximo. Muito dinheiro é deixado na mesa por causa desse ciclo desestruturado. São negócios que não são fechados e sonhos que não são conquistados. E isso dói! Dói no vendedor, dói no gestor e dói no empresário.

---

[7] Eneagrama é uma figura geométrica de nove pontas que funciona como símbolo: cada uma de suas pontas representa um tipo psicológico básico correspondente a formatos de personalidade.

APENAS 10% DOS VENDEDORES SUPERAM AS METAS

Já vi e ouvi muitas histórias nesses quase trinta anos dedicados às vendas. Aliás, tudo o que conquistei em minha vida foi graças a essa atividade. Milhares de pessoas já passaram pelos meus treinamentos *in company* e digo, com propriedade, que somente 10% (!) dos vendedores superam as metas de maneira significativa, 30% batem a meta periodicamente, e os 60% restantes dificilmente atingem os resultados de modo consistente.

> Esta é uma das expressões que estão no glossário para que você possa consultar. Sempre que se deparar com este padrão em uma expressão, vá até o fim do livro procurar o significado e uma explicação mais detalhada.

Então, o que esses "vendedores mágicos" estão fazendo de diferente do resto? O que explica estarem se saindo melhor? Você é capaz de arriscar? Existe um medicamento infalível contra as dores de vendedores, gestores e líderes da área. E é sobre isso que vamos falar.

Esses 10% estão batendo a meta de modo consistente, pois, mesmo inconscientemente, se orgulham de sua profissão e veem propósito em seu trabalho. Quando os profissionais tiverem consciência disso, potencializarão ainda mais seus resultados. Então, se você não está entre esses 10%, chegou a hora de mudar a sua mentalidade. Essa pílula mágica, a mudança de paradigma, é um dos primeiros fatores que separam aqueles com os melhores resultados com vendas dos que não atingem as metas.

Perceba a diferença: Você vende por vender? Ou sabe a mudança que está fazendo na vida do cliente? Você vende produtos ou experiências? Você realiza sonhos ou apenas coloca dinheiro no bolso?

Vender é uma das atividades mais envolventes e energizantes que conheço. E algo que me comove em vendas é a nossa capacidade de vender sonhos ou resolver problemas. Você não está vendendo um home theater, está vendendo uma tarde divertida entre pai e filho em uma disputa de videogame. Você não está vendendo uma mesa de jantar, mas a alegria de uma refeição em família. Não está vendendo um carro potente, mas o prazer de dirigir. Então, chega de vender produtos ou serviços. Venda a experiência completa. Isso fará com que o seu cliente pague o que você está pedindo. Mas fique atento e desperte o desejo dele antes de começar a negociar qualquer coisa.

O medicamento para a dor que você tem está dentro de você. As habilidades de que você precisa para conquistar resultados incríveis estão dentro de você. Para vendas, a lógica é a mesma: é preciso disciplina, e esta pode ser treinada. *Ninguém nasce vendedor; as pessoas se tornam grandes vendedoras.*

Então, tenha coragem para olhar o que precisa ser visto e invista tempo na sua mudança. Lembre-se: o mais importante na venda é a experiência do cliente durante o processo; é como você o fez se sentir. Pensando nisso e em tudo o que vimos até agora, proponho um exercício.

ATIVIDADE

Quero que você se aproprie de alguns números muito importantes para o desenvolvimento da inteligência comercial que mencionei e que usaremos ao longo do livro. Assim, separe alguns minutos e responda às perguntas a seguir.

Qual é o tempo médio que o seu cliente demora para fechar um pedido? Responda em minutos, horas, dias ou semanas.

Quantos clientes você ou sua equipe atende por mês?

Qual é o valor do seu ticket médio? Para encontrar o ticket médio, você deve dividir o valor total que vende em determinado período (exemplo: seis meses ou um ano) pela quantidade de pedidos realizados no mesmo período.

Qual é a sua taxa de conversão em clientes atendidos? Ou seja, a relação entre o número de clientes que você atendeu no total do período dividido pelo número de clientes para os quais você vendeu algo no mesmo período.

As raízes da falta de resultado **27**

Qual é a sua taxa de conversão em valor orçado? Isto é, a relação entre quanto você orçou em reais e quanto você vendeu em reais. Sempre considerando o mesmo período para análise.

Qual é a sua média de vendas anual? Se você é novo na área, calcule a sua média nos últimos meses.

Qual é a meta necessária para você conquistar os seus objetivos? Ou seja, quanto você precisa vender para ter o salário que deseja e conquistar o que sempre sonhou?

Quanto você, ou sua equipe, conhece profundamente do produto ou serviço?

Quanto você investe em sua carreira ou na carreira da sua equipe? Anote a sua resposta considerando os fatores "tempo" e "dinheiro".

Guarde as suas respostas porque elas serão extremamente importantes no futuro de nossa trajetória. Para alguns, esses podem parecer números básicos, mas muitos vendedores e empresários – de diferentes portes – não têm essas respostas. Se você finalizou o exercício e conseguiu responder a tudo, saiba que é minoria. Parabéns por esse passo dado! Usaremos suas respostas na estratégia comercial que montaremos juntos.

2

Elimine o que atrasa você!

Em plena era da economia emocional, na qual entendemos a influência emocional sobre nossas decisões financeiras, muitos vendedores são incapazes de olhar empaticamente para o cliente e vê-lo como uma pessoa. E precisamos nos desvencilhar desse equívoco. Você, sendo vendedor, gestor comercial ou empresário, deve estar atento a alguns fatores, sobre os quais falaremos a partir de agora.

VENDAS: UMA CARREIRA PROMISSORA

Durante muito tempo, a profissão "vendedor" era vista como algo emergencial. Ou pior: era a alternativa para quem "não tinha dado certo em nada". Quem não encontrava vaga de trabalho na própria área acabava indo para o segmento de vendas de alguma empresa. Nesse caso, essa pessoa "estava" como vendedora, pois o seu foco não era crescer profissionalmente nem investir em novos conhecimentos para, aos poucos, se destacar na função. Estava apenas esperando uma oportunidade de mudar para algo que realmente desejava. O resultado? Alto índice de turnover no setor, o que prejudica a empresa, por gerar custos extras e retrabalho, além de perder para o mercado parte da inteligência da sua organização, que o funcionário leva quando vai embora.

Entenda: não há demérito nenhum em ser vendedor – muito pelo contrário. É uma função nobre e uma das mais difíceis de serem executadas. Em uma perspectiva mais ampla, é como diz uma famosa frase: "Nada acontece até que uma venda seja feita".[8] Nada! Já reparou que, em qualquer empresa, os diretores que mais ganham são os diretores comerciais? De modo geral, os vendedores que se destacam veem os retornos de suas vendas convertidos em generosas comissões. Ou seja, quanto mais vendas, mais retorno.

Para que você venda mais, apresento um fundamento que é um dos valores principais da minha empresa: é preciso praticar um autodesenvolvimento constante, isto é, aprendizado contínuo. Você precisa ter em sua equipe pessoas que sejam vendedoras – e não que estejam nessa área.

---

[8] A frase é título de um LP do vendedor Red Motley, de 1960, no qual gravou ensinamentos a vendedores: NOTHING Happens Until Somebody Sells Something. Arthur H. "Red" Motley. Estados Unidos: Businessmen's Record Club, 1960.

É necessário estar aberto a todo tipo de atualização e aperfeiçoamento. Afinal, o seu futuro depende de quão rápido você, sua equipe e sua empresa conseguem se adaptar a esse novo cenário, e quanto conseguem vender seus produtos ou serviços!

Reflita: Você é vendedor ou apenas está trabalhando com isso? Na sua empresa, você tem vendedores profissionais ou pessoas que apenas estão atuando como vendedoras? Conheça a sua equipe e faça com que essa profissão seja valorizada e reconhecida como ela merece ser. Afinal, sem vendas não há empresa.

FALTA DE EMPODERAMENTO

Ao não se apropriar de sua profissão, encarando-a como algo menor, ou transitório, cai-se em outra cilada: a falta de empoderamento. Quando uma pessoa não está liderando a si mesma, ela se sente covarde e aceita menos do que merece. Ela permite que o medo a lidere. E esse sentimento, por sua vez, nos afasta dos resultados que buscamos.

A falta de empoderamento pessoal pode estar ligada a alguma crença limitante desenvolvida ao longo de nossa vida, ou seja, acontecimentos e experiências que moldaram a formação da nossa personalidade, gerando valores positivos e negativos. Família, amigos, sociedade, o local em que vivemos – tudo são elementos que criam estímulos e podem ser bons ou ruins para a nossa história. Nesse contexto, nascem crenças limitantes, que nos impedem de realizar sonhos, de crescer na vida profissional e pessoal.

Para nos aprofundar no caso específico que estamos tratando neste livro, vamos imaginar o seguinte cenário: desde criança, você ouviu algo como "Você deixa tudo pela metade", "Nunca vai conseguir ser 'alguém' na vida", "Vendedor é o cara que não deu certo em nada". São frases que ficam registradas em seu subconsciente e muitas vezes agem como barreiras, impedindo a evolução. Reconhecer essas crenças limitantes e se livrar delas é um processo muito libertador.

Outra condição que explica a falta de confiança na sua profissão é o que chamamos hoje de Síndrome do Impostor. Trata-se de um padrão de comportamento profissional, um padrão de pensamento no qual a pessoa desconfia de suas próprias competências e não consegue admitir as suas

Elimine o que atrasa você **31**

conquistas. É aquela história: não convencido de que é bom mesmo, você está a todo momento preocupado, cogitando se alguém vai descobrir as suas fraquezas, e se sente uma fraude. Ou então essa síndrome pode aparecer quando você não acredita em sua empresa e seu produto. Não conseguimos vender aquilo de que não gostamos ou que não apreciamos!

Ser um profissional que não confia na própria capacidade é catastrófico. Mas fique tranquilo porque existe solução! Em um primeiro momento, precisamos de coragem para olhar para dentro e ressignificar o que deve ganhar um novo sentido. Temos que constantemente buscar o autoconhecimento, pois profissionais empoderados entendem melhor os clientes, tendo o poder de conduzi-los e ajudá-los na tomada de decisão. Profissionais empoderados ajudam os clientes a conquistarem seus sonhos!

Pratique autorresponsabilidade para se desenvolver e buscar um sentido verdadeiro em seu trabalho. Reconheça seu poder transformador na vida dos clientes. Isso muda tudo! E, se precisar, busque ajuda. Você merece viver o sucesso que sempre sonhou!

FALTA DE INVESTIMENTO NO TIME DE VENDAS

Como vimos, sem qualificação e treinamentos de alta qualidade é muito difícil para um vendedor ou uma equipe de vendas atingir os resultados. E o panorama brasileiro nesse quesito não é muito animador. De acordo com a Pesquisa Panorama do Treinamento no Brasil 2022/2023, os profissionais brasileiros passam apenas dezessete horas em treinamento por ano. Dados da Associação Brasileira de Recursos Humanos (ABRH) reforçam como as empresas brasileiras investem pouco no desenvolvimento de sua mão de obra: o comércio fica na lanterna entre os setores, com apenas 357 reais dedicados por colaborador – quase metade da média nacional. Enquanto os Estados Unidos investem 1,43% do faturamento em treinamentos, o Brasil não passa de 0,63%.[9]

---

[9] ASSOCIAÇÃO BRASILEIRA DE TREINAMENTO E DESENVOLVIMENTO. **Pesquisa Panorama do Treinamento no Brasil – 2022/2023**: indicadores e tendências em gestão de T&D. 17 ed. 2023.

Em 2020, na NRF Retail Big Show, em Nova York, esse tema foi muito discutido na palestra do então vice-presidente de treinamento da Macy's, à qual pude assistir. Para ele, "aprendizagem é um fator estratégico, e não um centro de custos", o que justifica o alto investimento da empresa em programas de formação para apoiar os seus gestores na ponta. A marca está investindo milhões em seus talentos. O objetivo é atrair e promover formação. O vice-presidente quer que a equipe de vendas enxergue a empresa como um local no qual os colaboradores vão desenvolver uma carreira, e não somente como uma oportunidade de primeiro emprego.

Outro *case* apresentado no ano seguinte, no mesmo congresso, foi o da Target, que, entre as gigantes do varejo americano, preparou suas equipes para a volta do comércio pós-pandemia de covid-19. "Os consumidores estão voltando às lojas e esperando experiências positivas", comentou o diretor executivo da Target. A empresa investiu em salários, benefícios e programas de desenvolvimento. O objetivo era atrair os melhores colaboradores para a empresa, o que é um grande desafio, uma vez que os Estados Unidos sofrem com a falta de mão de obra qualificada. Nos EUA, empresas de varejo, cientes dessa defasagem na formação, estão criando o seu próprio programa interno de treinamento ou contratando consultorias especializadas.

No Brasil, mudar esse cenário está em nossas mãos. É preciso contar com programas de capacitação e treinamentos frequentes, além de adotar tecnologias que facilitem todo o processo. Isso requer não só aumentar as horas dedicadas ao aprendizado contínuo como também a qualidade desses programas. Trabalho há anos com treinamento e vejo muito amadorismo por aí. Presencio pessoas dando treinamentos em vendas sem nunca terem vendido nada na vida, ou treinamentos que não entregam nenhuma metodologia efetiva, ou, pior ainda, entregam técnicas isoladas. E minha experiência mostra que esse desencontro resulta em um enorme potencial não explorado. Por outro lado, se o treinamento é efetivo, ele traz resultado. Em média, nas empresas de varejo, meus clientes registram 80% de aumento no faturamento em cinco meses ao ensinarem suas equipes a pensarem vendas. Você quer isso para o seu negócio? Imagino que sim.

Elimine o que atrasa você **33**

AGORA VOU FALAR DIRETAMENTE COM VOCÊ, VENDEDOR. CASO A SUA EMPRESA NÃO FORNEÇA OS TREINAMENTOS QUE VOCÊ JULGA NECESSÁRIOS, INVISTA EM SI MESMO! NÃO FIQUE ESPERANDO! O SEU SUCESSO DEPENDE EXCLUSIVAMENTE DO SEU ESFORÇO. O QUE VOCÊ INVESTIR EM SEU PRÓPRIO DESENVOLVIMENTO SERÁ SEMPRE SEU E O LEVARÁ MAIS RÁPIDO AOS SEUS SONHOS, INDEPENDENTEMENTE DE ONDE ESTIVER. VEJA-SE COMO UMA EMPRESA, OK?

Aqui, não me refiro apenas ao desenvolvimento do vendedor, mas ao do líder de vendas e da equipe como um todo. Você sabe reconhecer a importância da liderança em gerir uma equipe? Isso pode ser uma das grandes falhas das empresas. É muito comum, em uma equipe diversa, existirem problemas de relacionamento ou falta de comunicação entre pessoas dividindo o mesmo espaço. Aqui entra o papel do gestor comercial como líder. Alguém que assume o controle do ambiente, faz com que os envolvidos esqueçam as suas diferenças e trabalhem em prol dos objetivos da empresa – enfim, alguém cujos feitos vão bem além de apenas cobrar resultados.

> **DICAS PARA O GESTOR**
>
> Sua principal função como gestor comercial é ajudar a equipe a conquistar resultados. Em outras palavras: limpar a pista para que eles ganhem velocidade. Perceba do que precisam e entenda como facilitar o caminho deles. Não crie obstáculos. Um dos seus papéis é ser educador. Não somente cobrar resultados. Lembre-se: muitos não executam o que lhes é solicitado por não verem sentido no pedido, ou porque não entenderam qual atividade precisa ser desenvolvida e não têm coragem de perguntar. O seu papel principal é entender a causa do problema e atuar na solução.

Por fim, é importante também desenvolver um ambiente adequado para o crescimento e desenvolvimento da equipe. Ter uma cultura de aprendizagem na empresa encurta o caminho para o sucesso, pois favorece o apoio mútuo e a troca entre as pessoas. O aprendizado formal é importante, assim como o informal, que representa alta porcentagem da aprendizagem desenvolvida nessa área. Esse é o ambiente em que qualquer vendedor deseja trabalhar, um ambiente seguro que propicia o crescimento e desenvolvimento de novas habilidades, na busca de resultados. Lembre-se, gestor, é preciso atrair e reter os seus talentos!

VENDAS NÃO É INTUIÇÃO, É ESTRATÉGIA

Muitos vendedores parecem se esquecer de que vendas não é um conjunto de técnicas aplicadas a qualquer momento, de qualquer maneira. Frequentemente eles consideram que apenas gatilhos mentais levarão os clientes a comprar. Esses vendedores até fecham a venda, mas dificilmente conseguirão manter um relacionamento com os clientes, e destes com a marca.

Ok, intuição é algo benéfico em alguns momentos, mas não dá para pautar o seu trabalho só nisso. Ela não levará o vendedor a sempre alcançar o resultado almejado. É preciso ter estratégias bem-definidas, que servirão de estrutura na conquista das metas e dos objetivos. *Vendas é construção, e não sorte!*

Sempre digo: é fundamental que os vendedores tenham planejamento estratégico para vender e não dependam do improviso para convencer os clientes. *Só atender bem não é suficiente; é importante, mas não o bastante para um resultado consistente.* É preciso estratégia! E isso significa um planejamento que se inicia na identificação e busca do cliente ideal, acompanhado da análise das informações e dos recursos disponíveis, tendo um objetivo claro, traçando o melhor caminho para levar você aos resultados esperados.

A realidade, contudo, é que o seu cliente mudou. Então, será que a sua capacidade de entender as necessidades de seu interlocutor está alinhada com o que ele deseja? É preciso ter sensibilidade para ouvir na hora de despertar o desejo, de vender um produto, um serviço ou uma ideia. É necessário ter empatia e prestar real atenção na pessoa à nossa frente.

Colocar o consumidor em primeiro lugar e atendê-lo de maneira única e personalizada não pode ser uma promessa vazia. É preciso, de fato, mover as engrenagens da empresa para que essa seja uma prática genuína, parte da cultura da organização.

É necessário tirar os clientes das "caixinhas" nas quais, ao longo dos anos, eles foram sendo colocados pelos pensadores de vendas. Quando digito no Google "perfis de consumidores", aparecem milhares de resultados, e essas nomenclaturas não estão ajudando as empresas a venderem mais; elas apenas confundem as equipes e as tiram do foco.

Quem é a pessoa que estou atendendo? Essa deveria ser a pergunta. Os vendedores se preocupam mais em aplicar técnicas mágicas do que em entender quem é a pessoa que está à sua frente, a fim de desenvolver a melhor estratégia.

Assim, percebo que o papel do vendedor mudou. Claro, uma vez que a sociedade mudou, o consumidor também passou por uma transformação. Por exemplo, agendas como a ESG (*Environmental*, ou ambiente, *Social*, ou social, e *Governance*, ou governança corporativa) têm se destacado, bem como a agenda DEI, que fala sobre diversidade, equidade e inclusão. Esses são novos valores que se apresentam como fatores decisivos na escolha das empresas, e precisam ser trabalhados nas equipes de vendas. Na verdade, precisam se tornar uma agenda da alta administração, para depois serem vividos por todos na organização. É uma questão que impacta a área comercial, mas que também é muito mais profunda.

Em paralelo, outras agendas têm influenciado o modo como nos comportamos. A disseminação da tecnologia e da conexão nos deixou ávidos por agilidade e conveniência, assim como aconteceu com a utilização massiva do celular. Nele podemos pesquisar preços e locais, tecer comentários e recomendar (ou reclamar de) produtos e serviços nas redes sociais, bem como fazer compras, resgatar cupons etc. Portanto, o consumidor está disponível para comprar o tempo todo. E quero provar isso para você com dados!

Em 2021, no Brasil, 53% de todos os consumidores – aproximadamente 33 milhões de pessoas – utilizaram smartphones pelo menos uma vez em suas últimas compras.[10] É bem provável que você mesmo já tenha comprado algo

---

[10] CYBERSOURCE; PYMNTS. **The 2022 Global Digital Shopping Playbook**: Brazil edition. Disponível em: https://www.pymnts.com/study/2022-global-digital-shopping-brazil-ecommerce-retail-innovation-consumer-finance/. Acesso em: 26 fev. 2024.

com o seu celular, ou então que esteja passando por alguma rede social e perceba o aumento expressivo de propagandas que recebemos nessas plataformas. A consequência disso tudo é a seguinte: além de o comportamento do consumidor estar mudando, são necessárias estratégias adequadas para atingir cada nicho. E precisamos falar desse assunto, pois é algo que impactará seus resultados.

O CONSUMIDOR MODERNO

Todo início de ano, eu tento comparecer ao maior evento de varejo do mundo, o NRF Retail Big Show, que acontece em Nova York. A cidade está congelante em janeiro, mas o evento é quentíssimo. Esse encontro traz as maiores tendências do varejo e discussões de alto nível que ajudam empresas ao redor do globo a tomar melhores decisões para seus negócios. E esse tipo de informação é vital para nos mantermos atualizados em relação ao comportamento de consumo.

Vimos como as tecnologias emergentes estão mudando a cara do consumo. Temos desfiles de moda no metaverso, em que é possível interagir com os produtos, uso de biometria para *self-checkout*, robôs e drones utilizados para entregas e organização de centros de distribuição, e por aí vai. A verdade é que o consumo nunca esteve tão associado à tecnologia como agora.

Mas não é por isso que o futuro das lojas está em risco. Pelo contrário. A loja física está no holofote: agora ela mais se parece com um ponto estratégico para diferentes propósitos. A loja pode ser um local de venda, mas também um local de encantamento, experiência, envolvimento com a marca; um ponto de retirada de compras on-line, ponto logístico e ponto de serviços. Tudo em um só lugar.

Eu, por exemplo, aproveitei a oportunidade na cidade para visitar a loja-conceito da Nike. É um espaço completo em que a narrativa fala direto ao coração do esportista, começando pelas paredes: em cada uma tem um pouco da história do tênis. O vendedor que me atendeu ama a Nike, ama esportes; é fácil perceber. Saí de lá não só com um tênis novo, mas com um plano de corrida desenhado especialmente para mim. Você acha que essa loja me vendeu um produto? Claro que não! Ela me vendeu muito mais. Vendeu uma história, que sigo reproduzindo por aí. Vendeu uma *experiência*.

As transações *omnicanal* fizeram as redes varejistas otimizarem o portfólio de lojas. Com mais vendas digitais, a loja que permanece aberta precisa oferecer

Elimine o que atrasa você **37**

uma experiência superior para justificar o espaço. Não se pode mais pensar a loja como o showroom de produtos, pois o consumidor não se comporta mais de modo linear e homogêneo. Ele anda repensando o próprio consumo.

A pandemia de covid-19 trouxe, com ainda mais força, o foco em ESG. Nada de *greenwashing*, o lema é uma sustentabilidade consistente como parte do DNA da empresa. A futurista Andrea Bell, vice-presidente da área de Consumer Insights da WGSN, afirmou na palestra à qual assisti que a natureza se torna parte efetiva do conselho das empresas. Sustentabilidade será parte vital da estratégia dos negócios. Exemplos que atestam isso não faltam.

Um *case* de economia circular e moda sustentável é a rede Unsubscribed, de *slow fashion*. Suas lojas têm pontos de revenda de peças usadas, no estilo brechó. Até a *fast fashion* Zara anunciou novidades e vai lançar, no Reino Unido, revenda, conserto e doação de roupas por meio de seu e-commerce. Outra marca, a Patagonia, de artigos esportivos, anunciou que todo o capital da empresa, avaliado em 15,5 bilhões de reais, será doado para o combate à crise climática. "O Planeta é agora o nosso único acionista", escreveu o fundador em uma carta aos consumidores.[11]

Essas tendências não estão isoladas no varejo. Construir um relacionamento com clientes e *prospects* que seja mais empático, humano e verdadeiro, tendo a tecnologia como aliada, e contar com uma abordagem multicanal são tendências das vendas B2B também.

Em 2020, a pandemia acelerou a transformação digital nas empresas e criou uma disruptura permanente no universo de compra e venda B2B. Da noite para o dia, as vendas se tornaram completamente virtuais e os profissionais de vendas passaram a interagir com os clientes por meio de redes sociais, plataformas de videoconferências e outros meios eletrônicos.

Tanto para compradores quanto para vendedores, o trabalho remoto passou de raridade a realidade. As equipes de vendas se ajustaram a essa

---

[11] PATAGONIA: quem é o bilionário que doou empresa de R$ 15,5 bilhões para combater mudanças climáticas. **G1**, 15 set. 2022. Disponível em: https://g1.globo.com/mundo/noticia/2022/09/15/patagonia-quem-e-o-bilionario-que-doou-empresa-de-r-155-bilhoes-para-combater-mudancas-climaticas.ghtml. Acesso em: 26 fev. 2024.

nova realidade de viagens limitadas, conferências canceladas e poucas reuniões presenciais. Os vendedores tiveram que aprimorar suas habilidades; hoje, 82%[12] deles afirmam que pesquisam mais antes de entrar em contato com um potencial cliente. Eles incorporaram ferramentas tecnológicas de CRM (*Customer Relationship Management*; em português, Gestão de Relacionamento com o Cliente) e de Inteligência de Vendas para monitoramento e análises de dados em seu fluxo de trabalho diário.

Em resumo, o modelo híbrido, físico e digital veio para ficar, impulsionado pelo ganho de produtividade e velocidade na transformação digital das empresas, bem como pelo equilíbrio entre vida profissional e pessoal. Mas vale ressaltar que a tecnologia precisa ser vista como um meio, e não como um fim. Os investimentos em tecnologia devem, antes de tudo, ajudar você a alcançar melhores resultados; do contrário, não fazem sentido. Não é a tecnologia pela tecnologia; é a tecnologia que gera experiência positiva ao cliente e à equipe.

OLHE PARA O CLIENTE, OLHE PARA A PESSOA!

Mesmo com todo esse avanço tecnológico, o contato humanizado nunca foi tão importante. Não há nada mais relevante do que analisar o momento em que vivemos. Saímos da era da economia do conhecimento e ingressamos na era da economia emocional, como citei no início deste capítulo. É um cenário novo que pede um novo olhar centrado no ser humano.

Na economia do conhecimento, o valor pessoal estava diretamente relacionado à capacidade de adquirir e aplicar o conhecimento – quanto você sabia, quanto podia criar ou gerar e como era a qualidade do seu julgamento. Já a economia emocional se pauta na capacidade de empatia profunda, de aplicar o conhecimento emocional e tocar as pessoas. O valor pessoal

---

[12] LINKEDIN. **O cenário de vendas no Brasil**: edição 2022. Disponível em: https://business.linkedin.com/content/dam/me/business/pt-br/sales-solutions/22/pdf/sos-2022-br-final-pdf.pdf. Acesso em: 26 fev. 2024.

será do "tamanho do coração", não das ideias. O foco deixa de estar nas pessoas e passa a estar nos relacionamentos. Esse é um grande desafio para uma geração que precisa alterar sua forma de pensar, olhar e atuar em vendas. Essas pessoas contaram com outros valores em sua formação pessoal e profissional, pois em sua maioria cresceram e se formaram na economia do conhecimento, mas agora precisam atuar na economia emocional.

Em resumo: se antes o valor estava no que se sabia, *hoje pessoas e empresas são avaliadas pela sua capacidade de tocar o coração do cliente.* É preciso acompanhar a evolução do consumidor para identificar onde está o valor na perspectiva dele. Se o nosso papel, como vendedores ou gestores de vendas, não for reinventado, não seremos capazes de fazer a diferença necessária para ganhar o coração do consumidor.

Desenvolver esse olhar sensível é "ouvir" o que o cliente não fala; e é importante ressaltar que o atendimento vai bem além do vendedor – todos na empresa vendem. Desde o manobrista até a faxineira. Certa vez, prestei serviços de treinamento para uma loja em que a copeira, a meu ver, era a pessoa-chave no processo de encantamento. Toda tarde, a uma determinada hora, ela assava um bolo na cozinha da loja. Não era qualquer bolo: era *o* bolo! Um bolo delicioso que perfumava o ambiente, dando aquela sensação de boas-vindas a quem chegava, tornando a loja um ponto de encontro dos arquitetos e designers, que sempre davam um jeitinho de passar por ali quando o bolo saía do forno – e acabavam conferindo os novos produtos. E, se você acha que era só isso, está enganado. Ela conhecia todos os arquitetos e designers pelo nome, sabia qual era o bolo preferido de cada um e se deveria servi-lo com café, chá ou cappuccino. Tudo isso feito com muito carinho e personalização para o cliente se sentir importante e acolhido.

É aquela coisa: a loja torna-se um ponto de encontro, um destino agradável. O cliente gosta da loja e nem sabe dizer exatamente por quê. É porque o manobrista o recebe com um sorriso? Ou porque a copeira é atenta e já sabe que ele gosta de café com duas gotinhas de adoçante? Ou porque o vendedor se lembra dos detalhes da família do cliente e o atende de modo personalizado? Ou porque o vendedor sabe que a compra que o cliente está prestes a fazer é, talvez, o maior investimento da vida dele e, por isso, o atende com a importância que esse evento merece? É fácil pensar o que nos faz voltar a uma loja. Mas você arriscaria dizer o principal motivo para um cliente não retornar?

Eu arrisco! É a *indiferença*. Mais do que insatisfação com o produto, mais do que a oferta melhor que a da concorrência, mais do que falta de conexão com o vendedor. Na minha percepção, uma atitude de indiferença de um único funcionário da loja, ou da empresa, faz com que quase 70% dos clientes não voltem mais. Essa indiferença pode ser entendida de diversas formas. Uma loja suja, a falta de escuta das necessidades do cliente por parte do vendedor ou da gestão, um olhar estranho, a falta de flexibilidade e muitas outras atitudes podem indicar indiferença. É só você se colocar no papel de cliente e se lembrará de muitas situações nas quais se sentiu mal e nunca mais voltou ao estabelecimento.

Desse modo, olhar para o cliente vai muito além do que ser apenas vendedor. Vi isso de perto quando realizei um trabalho para uma empresa de construções e reformas cuja demanda era criar uma cultura de atendimento memorável e elevar o ticket médio da empresa.

Os donos queriam fechar contratos mais altos para um número menor de clientes, posicionando-se no alto luxo, com uma mão de obra diferenciada e especializada em casas de alto padrão. Para isso, primeiro foi feito um trabalho com os dois donos da empresa, engenheiros de formação, para o desenvolvimento de uma estratégia de proposta de valor bem-definida. Depois, foi preciso desenvolver um olhar para as vendas, além de um cuidado com o cliente, com os engenheiros e toda a equipe interna de atendimento pós-venda. Ou seja, os profissionais que acompanham as obras precisavam ser capazes de replicar o alto nível de serviço que era prestado ao cliente no momento do fechamento do contrato. Todos na empresa foram envolvidos para que um resultado de crescimento de 269% em nove meses, em relação aos doze meses anteriores, fosse atingido.

Todos na empresa precisam se preocupar em oferecer o melhor para o seu cliente para que uma excelente experiência de compra seja criada. *O resultado comercial de uma empresa vai além do setor comercial.* Guarde bem isso!

O RESULTADO COMERCIAL DE UMA EMPRESA VAI ALÉM DO SETOR COMERCIAL.

VENDAS: CIÊNCIA OU INTUIÇÃO?
@MARDEGANTR

ATIVIDADE

Pensando em quais causas mais impactam os seus resultados e em como você pode agir para amenizá-las ou extingui-las, sugiro o preenchimento do exercício a seguir. O mais importante é, na segunda coluna, não criar mais justificativas, mas pensar em como atuar. É possível agir diretamente? Como buscar os recursos necessários? Pratique a autorresponsabilidade; não delegue a sua responsabilidade para outra pessoa.

	Quais são os principais motivos que impedem você de conquistar o resultado esperado?	Como você pode atuar para amenizar ou extinguir o problema?
1.		
2.		
3.		
4.		
5.		

Elimine o que atrasa você   43

Agora, quero que você liste os principais comportamentos que representam uma atitude de *indiferença* em seu contexto de trabalho. Ter consciência a respeito do que melhorar já representa 70% do caminho de mudança. Depois que finalizar, guarde essas informações e atue no que for possível, para já minimizar os danos.

Exemplos:

1. Esquecer alguma solicitação feita pelo cliente.
2. Lançar um olhar de julgamento.
3. Subestimar o potencial de compra do cliente.
4. Menosprezar uma objeção.
5. Desrespeitar o cliente (por exemplo, manobrista que deixa cheiro de cigarro no carro novo do cliente).

Atitudes que são percebidas por você:

1. _____
2. _____
3. _____
4. _____
5. _____
6. _____
7. _____
8. _____
9. _____
10. _____
11. _____
12. _____
13. _____
14. _____

3

Seja o dono dos resultados!

Chegou a hora de saber como sair do intuitivo e olhar de modo estratégico para a sua abordagem de vendas. O sucesso está intrinsecamente ligado a dois fatores. São eles:

- O atendimento deve ter *inexoravelmente* uma ordem lógica.
- A empatia pelo cliente é um fator inegociável: desenvolva um *entendimento profundo* da lente que ele usa para olhar o mundo.

Para que você desenvolva isso, apresentarei a partir de agora alguns passos fundamentais visando à organização do processo de vendas. Veja a imagem a seguir.

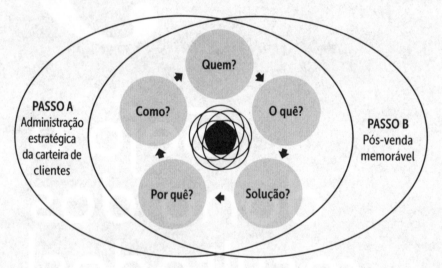

No passo 1, *Quem?*, ensinarei como você poderá criar uma profunda conexão com o cliente. Depois, falaremos sobre *o quê* (de que seu cliente precisa), compreendendo realmente as necessidades técnicas, financeiras e emocionais dele. Mas qual é a melhor *solução* que você pode oferecer? Saber isso é ideal, pois despertará o desejo de compra e mostrará o *porquê* da venda. Por fim, você precisa saber *como* ele vai pagar, assim será capaz de esquematizar como vender de acordo com o preço que ele quer.

Como pano de fundo de toda a metodologia, temos o atendimento ao cliente, que fala sobretudo a respeito da *administração estratégica da carteira de clientes* e do *pós-venda memorável*, que é o elo para que você fidelize quem compra de você.

Assim, nos próximos capítulos vamos nos aprofundar em cada um desses sete passos. E não adianta querer resultado sem construção; não adianta querer avançar se um dos passos não foi executado corretamente. Entender esse ciclo é vital. Quando comentei no primeiro capítulo que, *se existe algum problema em uma etapa da venda, a causa sempre estará na etapa anterior*, estava adiantando um pouco o que veremos aqui. Você observará que, com o entendimento desse ciclo, tudo ficará mais fácil.

Lembro-me, com bom humor, de um comentário que ouvi de um vendedor de uma empresa para a qual eu prestava consultoria. Vamos chamá-lo de Otávio. Ao analisar os dados que a equipe de vendas me trouxe, entendi qual era o ciclo daquele produto e elaboramos um planejamento. Cada etapa precisava ser executada com disciplina. Otávio, ansioso, se mostrava reticente; queria resultados imediatos, mas topou o desafio de seguir a metodologia. Mudou a sua forma de trabalhar e passou a seguir o novo protocolo.

No fim do primeiro mês, os resultados não apareceram. Isso é natural, afinal o tempo médio de venda do produto dele era de sessenta dias, e, até então, ele vinha trabalhando de modo desordenado, contando com a sorte. Então tudo mudou. Nunca vou esquecer a reação perplexa e contagiante dele quando, no segundo mês, vendeu o que não havia vendido nos três meses anteriores. Entre risadas, ele me disse: "Você é uma bruxa!". Brincadeiras à parte, essa história ilustra bem como a metodologia funciona: vender é experiência; não é sorte, não é adivinhação. É construção e trabalho.

PERSONALIZAÇÃO E EMPATIA

Vale mencionar que a personalização será muito importante no processo e no passo a passo que você colocará em prática a partir de agora. Você ajustará o que precisa ser feito para cada cliente, produto ou serviço, mas a estrada será a mesma para todos. O caminho para o sucesso em vendas é um só! Seja uma venda B2C, seja uma B2B, você encontrará as chaves para abrir uma nova forma de pensar, de olhar para o atendimento ao cliente e de conduzir o processo comercial, assim como aconteceu com uma vendedora que passou pela minha trajetória.

Cátia é uma vendedora hábil quando o assunto é estratégia. Para cada venda, ela personalizava o que precisava ser feito. O problema, entretanto, era que ela montava essa estratégia com base no que "achava" que o cliente queria, porque tinha muita dificuldade em fazer as perguntas certas. E pior: não conseguia ouvir atentamente as valiosas respostas que recebia. Ao treinarmos a Cátia, ela começou a montar a estratégia com base no que percebia – e não mais no que "achava" – que o cliente valorizava. Nem preciso falar dos resultados que vieram. Sabe o que a Cátia desenvolveu e que foi além da metodologia? A escuta empática. Precisamos escutar *além* do que o nosso cliente está falando; precisamos escutar o que ele está sentindo. Justamente por isso a personalização, quando combinada com a escuta empática, transforma o caminho do vendedor e o leva ao sucesso.

"Colocar-se no lugar do outro" é a resposta que ouço de 99% das pessoas a quem faço a pergunta: "O que é empatia?". Além da resposta básica que encontramos no dicionário, peço licença poética para interpretar a empatia para além das convenções. Empatia é a habilidade de experienciar e entender o que o outro sente, enquanto se mantém um claro discernimento sobre os seus próprios sentimentos e perspectivas.

Segundo Roman Krznaric, em seu livro *O poder da empatia*,[13] a empatia tem a reputação de ser uma emoção vaga, porém agradável. Costuma-se equipará-la à bondade e à sensibilidade emocional, ou seja, a uma atitude afetuosa e atenciosa para com os outros. Mas ele propõe uma concepção muito diferente. O autor entende a empatia como um ideal capaz de transformar vidas por promover profundas mudanças nas relações humanas. E eu lhe pergunto: O que é vender senão uma relação entre duas pessoas ou duas empresas na busca de um único objetivo, a satisfação mútua?

Krznaric diz que a empatia se difere de expressões de compaixão, e tampouco fala sobre algo que segue a linha de "faça para os outros o que gostaria que fizessem por você". Empatia é uma questão de descobrir gostos diferentes dos seus, de entender o mundo pela lente do outro. Somente assim eu conseguirei entregar a melhor solução que desperte o desejo do

---

[13] KRZNARIC, R. **O poder da empatia**: a arte de se colocar no lugar do outro para transformar o mundo. São Paulo: Zahar, 2015.

48 Vendas: ciência ou intuição?

meu cliente para adquirir o meu produto ou serviço pelo preço que ele vale, e não pelo preço que o cliente quer pagar.

Empatia é o poderoso elo entre as pessoas. Mas ressalto que é preciso manter esse distanciamento, senão vira uma "bagunça emocional". Por isso, empatia não é concordar com o outro ou sentir o que ele sente, e sim entender o ponto de vista dele. Percebe a diferença?

Esse tema será o pano de fundo da metodologia que apresentarei. Sem ele, não se cria conexão, não se chega ao resultado. Entre as habilidades comerciais a serem desenvolvidas, a empatia é talvez a mais importante delas. Conseguir entender o que se passa na cabeça do cliente e traçar o melhor plano para ajudá-lo é, sem dúvida, um valor agregado tremendo. E, para ajudá-lo nesse processo de descoberta, quero explicar o mecanismo que está por trás da empatia.

MAIS EMPATIA, MENOS JULGAMENTO

O neurônio-espelho, conhecido também como neurônio da empatia, foi amplamente estudado por inúmeros cientistas ao redor do mundo, mas gostaria de citar especialmente o americano David Eagleman, neurocientista e escritor que se dedica a estudar como o cérebro humano se comporta. Ele chegou a conclusões interessantes sobre o assunto.

Segundo Eagleman, *as pessoas tendem a ser mais empáticas com indivíduos do grupo ao qual pertencem.* Nas pesquisas que conduziu em seu laboratório, com mais de mil participantes, ele descobriu que a *resposta cerebral da empatia está ligada a um sentimento de pertencimento.* Ao fazer a pergunta "Quanto você se importa com outra pessoa?", as respostas eram parecidas, mas, ao analisar a resposta do cérebro a uma imagem de uma mão sendo furada por uma agulha, elas variavam conforme o grupo ao qual a pessoa dona da mão pertencia. Assim, o cientista conseguiu respostas diferentes.

Os voluntários do experimento eram expostos a diferentes vídeos de mãos, com apenas uma palavra escrita: "cristão", "muçulmano", "judeu", "hindu", "ateu" etc. Bastou uma única palavra para que os participantes se identificassem com o seu grupo. Os resultados mostraram que, por exemplo, um cristão que assistia à mão de outro cristão sendo ferida com uma

Seja o dono dos resultados! **49**

agulha sentia mais compaixão e mais dor em si mesmo. Por outro lado, quando a mão ferida era a de um muçulmano ou ateu, ele sentia menos dor e, portanto, menos empatia.[14]

A conclusão é que existe em nós, mesmo que de modo inconsciente, uma capacidade de compreensão imediata da experiência emocional do outro porque identificamos a mesma experiência em nós mesmos. É, assim, um processo de ressonância. Esses neurônios procuram uma similaridade entre nossos estados mentais e estados corporais com os de outras pessoas, e essa similaridade será maior quando nos sentimos pertencendo ao mesmo grupo que ele.

Mas e quando não pertencemos ao mesmo grupo? Como fica a empatia? Há algo que coloca a perder todo o esforço de empatia: o julgamento. O julgamento alheio prejudica as relações afetivas e nos afasta das pessoas. E o neurônio da empatia é desativado pelo julgamento, pela forma como nós pressupomos que o outro *é* ou *pensa*. Ao ficarmos presos aos nossos julgamentos sobre as outras pessoas e sobre o mundo, nos tornamos reativos e temos dificuldade em entrar em estado empático.

Trazendo para o contexto das vendas, temos o seguinte: vendedores lidam com pessoas de perfis muito diferentes todos os dias. Do outro lado da mesa, temos os clientes, que podem inspirar certo sentimento de julgamento nos vendedores. O que fazer então? É preciso livrar-se de um julgamento prévio para entender de fato o que fará sentido para o comprador. E falo disso justamente para expor a necessidade de desenvolvermos essa *consciência*.

O vendedor deve aprender a se colocar no papel do cliente, o que, às vezes, é difícil devido à distância social, cultural ou financeira entre ambos. É um exercício fundamental que exige disciplina e prática. *O vendedor só conseguirá entender do que o cliente precisa se sair de uma posição de julgamento, olhar a situação pelo ponto de vista do cliente, e aprender a pensar como ele.* Ao olhar com foco em acolher as necessidades do cliente para criar uma relação de confiança, o vendedor compreenderá as demandas e os valores,

---

[14] DAVID Eagleman What is Empathy – Captioned ENG. 2021. Vídeo (2min30s). Publicado pelo canal Stacey. Disponível em: https://www.youtube.com/watch?v=W2HXBi3l3zY. Acesso em: 20 jan. 2024.

e entenderá o que precisa ser feito. Assim, estará apto a entregar a melhor solução, despertar o desejo e realizar a venda.

Esse esforço de olhar o mundo por meio dos olhos do outro pode parecer pessoalmente desafiador, mas também tem um extraordinário potencial. É uma força capaz de mudar os resultados de sua carreira.

Hoje, o papel dos vendedores é ajudar o cliente a tomar uma decisão. E por isso a empatia é vital! Pense nisso.

Como empresário, gerente ou vendedor, o seu papel, nesse novo cenário, é entender que *você é o agente com a tarefa de criar o ambiente favorável para ajudar o cliente a tomar a melhor decisão.* Você precisa conduzi-lo nesse caminho, ser a ponte segura que o apoiará na tomada de decisão, e não a pessoa que vai "levar" o dinheiro dele. Você deve potencializar o resultado de seu cliente em algum aspecto, afinal você é quem o levará à solução ideal. E, para isso, é necessário ter *domínio de suas próprias emoções* e *saber lidar com as emoções do cliente.* É por essa razão que eu disse, anteriormente, que o vendedor não pode olhar o cliente como um "objeto" que o fará conquistar as metas, mas como uma pessoa com *desejos* e *angústias* que devem ser considerados. Aqui, a empatia faz toda a diferença. Duvida?

Vou contar uma história. Em 1979, a designer de produtos americana Patricia Moore sugeriu, em uma reunião, que desenvolvessem uma porta de geladeira que pudesse ser aberta facilmente por pessoas com artrite.[15] Sua ideia só recebeu desdém por parte de seus colegas. Ela, então, resolveu criar um experimento de envelhecimento simulado, no qual passou por transformações físicas para vivenciar as limitações e as experiências de idosos. Isso permitiu que ela, aos vinte e poucos anos, ganhasse uma compreensão dos desafios que os idosos enfrentam em suas rotinas.

A partir dessas experiências, a designer projetou uma série de produtos inovadores, como descascadores de batatas e outros utensílios de cozinha, além das famigeradas portas de geladeiras mais fáceis de abrir e fechar para pessoas com mobilidade reduzida. Hoje, ela é considerada a fundadora do design "inclusivo".

---

[15] KRZNARIC, R. *Op. cit.*

Ao destacar a empatia como uma ferramenta fundamental no design, Patricia enfatizou a importância de se colocar no lugar de seus usuários para criar soluções verdadeiramente eficazes e inclusivas. Sua abordagem demonstra que a empatia não é apenas uma qualidade pessoal – uma característica "fofinha" –, mas também uma habilidade que pode ser aplicada de maneira prática na oferta de melhores produtos e serviços. Ela comprovou que a empatia é uma força motriz para a inovação e uma oferta centrada no ser humano, melhorando produtos, ambientes e serviços para um público mais amplo e diversificado.

Assim, quero que você considere, neste primeiro momento, que a empatia é fundamental para avançarmos. E me conte: Como a história de Patricia Moore inspira você a incluir a empatia no dia a dia do seu trabalho? Com isso em mente, chegamos a uma parte muito importante da nossa jornada: o passo zero.

PASSO ZERO: RECONHECENDO O SEU VERDADEIRO PODER

Parece óbvio, mas preciso dizer algo fundamental: *Sinta-se importante!* Para aumentar os resultados exponencialmente, é preciso entender, antes de mais nada, que há algo que não poderei controlar para além destas páginas: o que você faz e como se sente. Então, para que tudo dê certo, acredito que essa retomada do poder pessoal é o primeiro passo que precisa ser dado.

Ao não se sentir importante, pessoas vivem de maneira ordinária. Já aquelas com um poder extraordinário estão tendo resultados extraordinários por lidarem com seus talentos e dons de maneira correta. Precisamos despertar o extraordinário que existe em você. Resgatar o poder transformador de cada profissional de vendas. *Somente um profissional empoderado é capaz de conquistar resultados exponenciais.*

Mas o que é um vendedor empoderado? É um profissional de vendas que tem um profundo senso de autonomia e confiança, com habilidades para alcançar o sucesso em sua carreira. Um vendedor que não apenas vende produtos ou serviços, mas também está capacitado para tomar decisões, resolver problemas e criar relacionamentos sólidos com os clientes. Aqui vão algumas características e elementos que definem um vendedor empoderado:

- **Autonomia e tomada de decisões**: um vendedor empoderado tem a capacidade de tomar decisões durante o processo de vendas e adapta as abordagens que utiliza de acordo com a situação e o cliente. Ele sabe que cada situação é única e precisa ser considerada em suas especificidades.
- **Conhecimento profundo**: um vendedor empoderado conhece profundamente os produtos ou serviços que está vendendo. Ele está atualizado com as informações mais recentes sobre os produtos ou serviços, sobre a concorrência e sobre o mercado no qual atua. Além disso, está apto para responder prontamente às perguntas dos clientes, construindo confiança.
- **Habilidade de comunicação**: a comunicação eficaz é fundamental para um vendedor empoderado. Ele sabe como ouvir ativamente os clientes para entender as suas necessidades e, ao mesmo tempo, articula claramente os benefícios dos produtos ou serviços que está vendendo, criando, assim, uma excelente argumentação que faça sentido para o cliente.
- **Resolução de problemas**: vendedores empoderados são hábeis em identificar e resolver problemas que surgem durante o processo de vendas. Isso envolve encontrar soluções para objeções dos clientes ou superar desafios específicos.
- **Capacidade de adaptação**: um vendedor empoderado é flexível e se adapta a diferentes tipos de clientes, situações de mercado e cenários de vendas. Isso pode incluir ajustar as estratégias de vendas conforme necessário.
- **Autoconfiança**: o vendedor empoderado acredita em si mesmo e em sua capacidade de fechar negócios de maneira bem-sucedida. Acredita em sua empresa e em seus produtos ou serviços.
- **Foco no cliente**: vendedores empoderados colocam o cliente em primeiro lugar. Eles se esforçam para entender as necessidades e os desejos dos clientes e estão dispostos a trabalhar para garantir a satisfação deles. Trabalham de modo personalizado.
- **Aprendizado contínuo**: o vendedor está constantemente buscando melhorar as próprias habilidades e conhecimentos. Isso envolve a participação em treinamentos, workshops e congressos do setor, por exemplo, além do acompanhamento das tendências do mercado.

Seja o dono dos resultados! **53**

- **Autorresponsabilidade:** um vendedor empoderado assume a responsabilidade por seu próprio sucesso e resultados. Ele não culpa fatores externos, mas procura maneiras de melhorar e crescer.
- **Relacionamentos duradouros:** em vez de buscar apenas vendas de curto prazo, os vendedores empoderados se concentram em construir relacionamentos duradouros com seus clientes. Eles investem tempo no pós-venda, para se manter vivos na mente do cliente.
- **Forte networking:** um vendedor que conquista resultados extraordinários tem um networking forte e dedica tempo ao fortalecimento dessas relações. Em um nível mais alto, ele pratica o *netweaving*, como apresentado por Robert S. Littell em seu livro *The heart and art of netweaving*.[16]

Conforme explica o autor, esse é um termo para nomear as relações centradas no outro. No *netweaving*, a pessoa deve focar como pode ajudar o outro, como pode ser útil, e a partir disso as relações são fortalecidas, sendo também criado um senso de reciprocidade. No parceiro fica o sentimento de gratidão e pertencimento. Vendedores empoderados criam laços verdadeiros, e isso vale tanto para clientes quanto para fornecedores e parceiros.

- **Escuta empática:** assim como vimos, um vendedor empoderado tem controle de suas emoções para ouvir o que o cliente está falando. A grande arma do vendedor está em descobrir o que nenhum outro concorrente descobriu. Ter uma escuta empática mostra segurança e passa confiança. É muito mais difícil confiarmos em uma pessoa ansiosa do que em uma segura de si, não é? Essa é a lógica.
- **Autovalorização:** um vendedor empoderado se valoriza e acredita no seu potencial. Ele cuida de si, dá o melhor que pode e busca os próprios sonhos. Quando pensa em si, estará pensando também no cliente e conquistará os seus objetivos.

---

[16] LITTELL, R. S. **The heart and art of netweaving**: building meaningful relationships one connection at a time. EUA: NetWeaving International Press, 2003.

Você se considera um vendedor empoderado? Caso não, quero que pegue papel e caneta e rascunhe o que pode fazer para desenvolver as habilidades que não tem.

Meu objetivo é inspirar você a despertar-se para o extraordinário que já está em seu interior. *O sucesso que você busca deve ser estabelecido pelo compromisso de ganhar, e não pelo medo de perder.* A solução existe antes do problema. Toda dificuldade tem uma solução. É só uma questão de entendimento, organização e estratégia.

Agora que você está pensando grande, sentindo-se grande e merecedor de viver resultados incríveis, vamos para as Chaves da Venda!

ATIVIDADE

Como disse, você é a pessoa mais importante do processo. Quanto tempo faz que você não tira um momento para olhar para si? Imagino que bastante. Então, responda às perguntas a seguir para ter mais clareza nesse processo.

Qual sonho você realizará quando conquistar o seu próximo resultado extraordinário? Descreva nas linhas a seguir.

Seja o dono dos resultados! **55**

Quais são as suas principais qualidades? Liste pelo menos dez. Se ficar com dificuldade, quero que pergunte às pessoas mais próximas de você, para que possa ter mais clareza a respeito daquilo em que você é bom.

1. _____

2. _____

3. _____

4. _____

5. _____

6. _____

7. _____

8. _____

9. _____

10. _____

Como as qualidades citadas aqui podem ajudar você na conquista de seus sonhos? Descreva a seguir.

_____

_____

_____

_____

_____

_____

4

Passo 1: Quem é o meu cliente? Como criar uma profunda conexão com ele

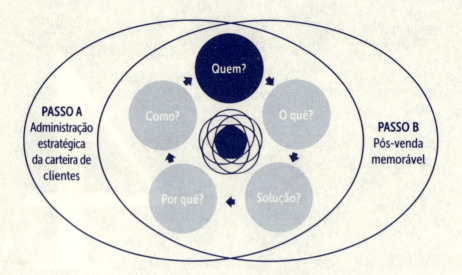

A partir de agora, falaremos separadamente sobre cada um dos passos que comentei antes. Vale reforçar que você pode utilizar o que aprenderá aqui como suporte para qualquer tipo de atendimento ou venda, seja uma ligação de televendas, seja uma venda complexa de alto ticket. O que muda é o tempo que precisamos demandar em cada etapa, em função do produto ou serviço que vendemos, mas jamais a ordem dos passos. *Isso nunca muda!* Podemos ter que girar esse ciclo várias vezes, mas sempre dentro dessa ordem lógica.

Assim, vamos imaginar algo. Uma cliente entra na sua loja. Ela é uma mulher de cerca de 35 anos, bem-vestida, fala ao celular enquanto equilibra a bolsa e outros itens nas mãos e anda com certa pressa. Em pouco tempo, o olhar dela rastreia toda a loja. Você ainda não se aproximou, mas a imagem já passa uma informação: ela não tem tempo a perder. Ela desliga o celular e você, enfim, a tem diante de si. Quem é essa mulher que você está prestes a atender? De que forma você, como vendedor, vai abordá-la de modo assertivo? Como, em pouco tempo, você poderá criar uma conexão com ela?

Esse é exatamente o primeiro passo da metodologia: quem é o meu cliente? Será a partir desse entendimento que você estará apto a criar uma conexão já nos primeiros momentos do encontro ou da reunião. Essa conexão ajudará na conquista do objetivo principal nesse momento, que é: *criar uma relação de confiança o mais rápido possível para facilitar o avanço pelos próximos passos.*

Em algumas ocasiões, é possível se preparar para esse primeiro contato, como no caso de uma reunião previamente agendada. Há tempo para realizar uma pesquisa sobre quem é o cliente ou a empresa a ser atendida, ou, ainda, tempo para planejar como você pode se apresentar para despertar o interesse do cliente. Mas você precisa, antes de tudo, *ser uma pessoa interessada e interessante.* Ou seja, além de ter a habilidade de entender o que o cliente sonha, você precisa despertar o interesse dele por você.

ACOLHER E ENTENDER

O cliente entrou na sua loja, ligou para sua empresa ou aceitou receber uma visita de um de seus representantes. Antes de mostrar o portfólio ou oferecer qualquer produto ou serviço, *acolha* o cliente! Parece tolo, mas muitos vendedores, movidos pela ansiedade, pulam a etapa da saudação e apresentação pessoal e não passam a sensação de acolhimento ao cliente, tão importante em qualquer relação comercial.

Muitos vendedores caem no erro de iniciar um contato/reunião falando de si ou de sua empresa, apresentando os produtos sem entender primeiramente quem é o cliente e do que ele precisa. Com isso, perdem momentos preciosos no início do atendimento. Momentos que devem ser usados para criar conexão e iniciar uma relação de confiança. Vale lembrar que, quando o cliente se abre para uma reunião, ele já pesquisou tudo sobre você e a empresa. Assim, nesse início ouça mais e fale menos.

A professora da Harvard Business School, Amy Cuddy, que tive o prazer de conhecer em Nova York, em 2022, vem estudando o resultado da primeira impressão por mais de quinze anos. Em seu livro *O poder da presença*, a psicóloga revela que os seres humanos buscam dois traços principais para julgar o outro: *confiabilidade* e *confiança*. Tudo o que queremos conquistar de nossos clientes.[17]

---

[17] CUDDY, A. **O poder da presença**: como a linguagem corporal pode ajudar você a aumentar sua autoconfiança e a enfrentar os desafios. Rio de Janeiro: Sextante, 2016.

Para Amy, acessamos o que ela chama de "presença" – algo como nosso poder pessoal –, paramos de nos preocupar com a impressão que estamos causando nos outros e ajustamos a impressão que temos de nós mesmos. Para tanto, não precisamos embarcar em uma grande jornada espiritual. Em vez disso, devemos nos cutucar, momento a momento, e ir ajustando a nossa linguagem corporal, o nosso comportamento e a nossa mentalidade no dia a dia. Ela diz: "Pare de pregar e comece a ouvir".

Segundo os seus estudos, as primeiras perguntas que fazemos com relação ao outro são: "Posso confiar nessa pessoa?" e "Posso respeitar essa pessoa?". Essas respostas influenciam de 80 a 90% a primeira impressão de alguém.[18]

No contexto profissional, e principalmente no comercial, a confiabilidade e a cordialidade são os fatores mais importantes para um julgamento positivo. Isso se dá devido a uma perspectiva evolucionária, na qual é crucial para a nossa sobrevivência saber se uma pessoa merece a nossa confiança ou não. Cuddy defende que demonstrar muita força, por exemplo, pode ser um ponto negativo à primeira vista, pois esse traço pode soar como uma ameaça, antes da relação de confiança ser estabelecida.

Por isso, ficar falando de sua empresa ou seu produto no primeiro momento não é produtivo. *No início de qualquer contato, precisamos acolher e entender o cliente para que a confiança seja favorecida.* Quando chegamos com muito ímpeto, nosso cliente se fecha para nós. Precisamos saber explorar a confiança, equilibrando os traços de cordialidade, competência e força. "Se alguém que você está tentando influenciar não confia em você, você não vai chegar muito longe. Na verdade, pode até provocar suspeitas por parecer apenas um grande manipulador", diz Cuddy.[19]

Assim, depois de acolher, é hora de entender o cliente, com perguntas sobre o que motivou a visita. Essa breve conversa, se bem-feita, vai resultar em vários insumos para chegar ao Ponto Emocional Principal (PEP), ou seja, a razão emocional que levará a comprar de você. Guarde esse termo, pois falaremos com mais detalhes sobre ele no Capítulo 6.

---

[18] *Ibidem.*

[19] *Ibidem.*

Uma escuta ativa e empática a tudo que o cliente está verbalizando e demonstrando permite a você se conectar com as demandas dele em um nível mais profundo, tornando possível pensar na melhor solução para ele. Essa é a lógica.

Percebe como essa abordagem é uma imersão no mundo do cliente? Não falei em demonstrar produto, nem mencionar vantagens da empresa, tudo isso vem depois. A etapa que estamos estudando trata "apenas" de *acolher* e *entender*. Trago o "apenas" entre aspas, pois parece simples, mas, na prática, é um desafio.

ENTRANDO NO MUNDO DO SEU CLIENTE

Clientes são pessoas com um problema em busca de uma solução, ou um sonho a ser realizado. Quem tem um problema sente necessidade de ser ouvido e, ao perceber a receptividade do outro para ouvir, se expõe melhor. Do contrário, se o vendedor fala mais do que ouve, a tendência é o cliente se sentir intimidado e se retrair. *É preciso criar um ambiente seguro.*

A verdade é que quem ouve mais faz as perguntas certas. Vendedores que falam muito demoram mais tempo para entender o ponto de vista do cliente e têm mais dificuldade de se colocar no lugar dele. Vendedores focados nas próprias exigências ou necessidades são como cavalos com tapa-olhos – têm um campo de visão muito limitado. Ajude o cliente a entender e resolver os próprios problemas e certamente você aumentará a chance de resolver o seu: vender!

Lembra-se do exemplo que abriu este capítulo? O vendedor, atento e observador, antes mesmo de iniciar o atendimento com a cliente apressada, percebeu que ela carregava um livro de Direito nas mãos e falava ao celular com o filho de maneira carinhosa. Depois de acolhê-la, perguntar seu nome e oferecer um copo d'água, ele fez algumas perguntas sobre sua visita à loja. Ele a ouviu sem interromper.

Ela buscava uma raquete de tênis adequada para o filho de 8 anos que iniciava a prática do esporte. A cliente, que agora tinha nome e uma história, escolheu logo o modelo; enquanto se dirigiam ao caixa, o vendedor puxou papo sobre Direito, mencionando o livro que ela trazia. Ela guardou

Passo 1 **61**

o celular, abriu um sorriso, e os dois travaram uma conversa curta e amistosa que seguiu até a despedida. Você acha que, quando essa cliente precisar novamente de algo relacionado à prática esportiva, vai se lembrar desse vendedor que a atendeu de maneira tão assertiva e acolhedora? Eu tenho certeza de que sim. Precisou de muito? Não! Precisou "apenas" de uma pessoa atenta à outra, disposta a ouvir e a fazer as perguntas certas.

FAZENDO AS PERGUNTAS CERTAS NESTA PRIMEIRA ETAPA

Cada situação é única e cada cliente é único. Mas muitos vendedores não conseguem compreender os verdadeiros problemas de seus clientes. Essa é uma das raízes dos maus resultados em vendas. Eles atendem a todos da mesma maneira, usam sempre o mesmo tom de voz, aplicam sempre os mesmos scripts, os quais são grandes vilões quando queremos criar conexão. Dentro desse cenário, onde está a sensibilidade de enxergar o cliente como uma pessoa única e fazer as perguntas que ninguém está fazendo?

Você só será capaz de fazer as perguntas certas para seu cliente se estiver 100% presente, ou seja, entregue àquela interação. Pense nele, e não na venda. Pense em qual é a real necessidade do cliente. Esqueça o discurso do quanto a empresa é maravilhosa, entenda as demandas dele, escute-o com atenção e foque as necessidades dele.

A lista de perguntas certas a que me refiro engloba aquelas que vão aproximar você e o seu cliente da busca por uma solução que seja relevante para ele. Por isso, não se apegue a usar perguntas abertas ou fechadas, como alguns treinamentos pregam; foque como você pode entender melhor o cliente e use as perguntas mais adequadas ao momento.

Em tempo: não basta fazer as perguntas certas, *é necessário ouvir e usar as respostas de maneira estratégica* para seguir em direção ao fechamento do contrato, à venda. Para esse conceito ficar mais claro, vamos falar sobre o almejado nível de escuta que um vendedor deve atingir.

A VERDADE É QUE QUEM OUVE MAIS FAZ AS PERGUNTAS CERTAS.

VENDAS: CIÊNCIA OU INTUIÇÃO?
@MARDEGANTR

EXERCITANDO A ESCUTA EMPÁTICA

Nada do que eu disse até agora terá valor algum se não houver uma escuta empática. Ouvir para entender e enxergar a situação pelas lentes do cliente exige entrega. Exige presença. É importante que você escute os sentimentos, desejos e as angústias, muitas vezes verbalizadas, e outras não. Nesse momento, vem a pergunta: "Flavia, como posso ouvir algo que ele não falou?". A resposta é: "Preste atenção em todos os detalhes da fala de seu cliente: tom de voz e linguagem corporal. Observe o cenário oculto por trás daquela decisão e entenda se há outras pessoas envolvidas. Enfim, preste atenção a tudo o que ele está demonstrando, preste atenção a tudo o que pode, de algum modo, impactar a decisão".

Quando você estiver em uma reunião, faça o seguinte exercício:

1. **Pare de pensar em você e em outros assuntos, e concentre-se em seu cliente.** Não adianta estar em uma reunião com a cabeça em um problema pessoal ou profissional, por exemplo. Você não resolverá nada naquele momento e, se tiver tido uma reunião ruim, terá, ao fim do período, dois problemas para lidar. Portanto, o seu foco deve estar totalmente no cliente.

2. **Olhe para o cliente como uma pessoa, e não como um objeto.** Observe todos os detalhes, como comportamento, aparência, objetos presentes no ambiente etc. Tudo é informação. Essa consciência ajuda a escutar o que ele não verbaliza diretamente. Mas aqui ressalto que o objetivo é olhar para entender, e não para julgar. Lembre-se de que o julgamento interrompe a empatia, e isso atrapalha a capacidade de entendimento.

3. **Escute as necessidades do cliente e, principalmente, as angústias.** Esses fatores se apresentarão como objeções lá na frente, caso não sejam sanados previamente. Quanto mais rápido você entender o cliente, o que o aflige, e gerar uma relação de confiança, mais fácil será o atendimento e a solução das questões envolvidas. E isso ajudará você a ir para o próximo passo.

Assim, a escuta empática nos faz entender e explorar quatro níveis de atitudes fundamentais. São eles:

Os dois primeiros níveis referem-se a quando *ignoramos* ou *fingimos escutar*. Como profissionais, dificilmente estamos nesses níveis, mas às vezes, de modo inconsciente, acontece. Essa distração nos faz perder informações importantes. Há vários exemplos que observo, como quando existe algo que o vendedor simplesmente não ouviu, não registrou em sua mente, enfim, "passou batido", como dizemos.

Já no terceiro nível, o vendedor *escuta o que está sendo dito*, ou seja, escuta para responder. Esse é o nível em que a maioria das pessoas se encontra, principalmente no ambiente profissional. Nós, vendedores, pensamos que devemos fornecer respostas rápidas a tudo que nos é questionado. Em vendas, isso nem sempre será verdade. Antes de sermos rápidos, precisamos ser assertivos. Afinal, vendas são perdidas porque vendedores falam o que não deveriam ou falam no momento errado. Isso ocorre porque eles não deixam o cliente terminar o raciocínio, interrompem pensando já saber o que o cliente vai falar e, com isso, perdem aspectos importantes com relação aos anseios dos clientes ou fazem julgamentos errados. Portanto, ouça até o fim, capte a ideia que o cliente está desenvolvendo.

Não à toa a escuta empática ou a *escuta do que não está sendo dito* é o nível mais elevado aqui. A escuta empática ocorre quando nossa mente está voltada para a experiência do momento presente, sem julgamentos, quando é possível absorver todas as informações – seja pela fala do cliente, seja pelo comportamento e pelas atitudes dele, bem como pelo ambiente em que estamos. Esse é o nível em que a conexão acontece, em que o cliente sente que está sendo realmente ouvido. É aqui que a relação de confiança começa a ser criada.

Para mim, a escuta é a grande habilidade do vendedor no cenário atual. Quantas vezes você já teve a sensação de estar falando "com as paredes"?

Sim, são tantos os estímulos do mundo moderno, que a impressão é que as pessoas não se escutam mais. Elas disputam entre si para falar, e um bom ouvinte é, cada vez mais, uma raridade. Assim, obter essa habilidade é se destacar na multidão.

O renomado psicanalista Christian Dunker reconhece em seu livro *O palhaço e o psicanalista*, coescrito com Cláudio Thebas, que escutar é uma tarefa complexa. "É também um dos mais poderosos antídotos contra as dificuldades de um convívio social harmônico e que desmoronam casamentos, detonam a vida no trabalho e minam os melhores projetos e intenções", afirma.[20]

Os autores realizaram suas pesquisas ao longo de anos de convivência e encontros com pais, alunos, empresários, pacientes e com o público – de teatro e psicanalítico em geral. Um dos pontos principais da obra, e que a difere das outras que abordam o tema, é a indicação para que cada pessoa descubra a sua maneira singular de escutar.

Christian e Cláudio defendem que essa é a lição mais importante, uma vez que publicações sobre escuta surgem como uma espécie de manual que engessa a percepção e não levanta o problema básico: "Como você, nos seus termos, com a sua história e do seu jeito pode encontrar uma maneira de escutar os outros que lhe seja própria e autêntica", ressaltam.[21]

Eu particularmente gosto desse livro por isto: ele ensina a escutarmos dentro de nossas especificidades, não tentando nos colocar em scripts, o que vem ao encontro da minha ideia de desenvolver uma inteligência comercial, de nunca colocar as pessoas em "caixas". E, desculpem-me os adeptos, mas scripts enfraquecem a capacidade de desenvolvimento de aprendizado e de raciocínio nos vendedores. Deixam as pessoas despreparadas para lidar com questões fora do cenário preconcebido, o que é comum no mundo do atendimento ao cliente – sempre há uma objeção nova que aparece.

Entre os benefícios da escuta empática está uma maior clareza na comunicação, o que aumenta a autoconfiança e a conexão entre as pessoas. Escutando de maneira empática, você cria conexões mais significativas, o

---

[20] DUNKER, C.; THEBAS, C. **O palhaço e o psicanalista**: como escutar os outros pode transformar vidas. São Paulo: Paidós, 2021.

[21] *Ibidem.*

que acarreta mais segurança na hora de agir e fortalece suas relações. Escutar melhor também gera mais insights: se você está atento, tem mais subsídios para tentar diferentes abordagens.

Como diz Dunker, é recomendado que você descubra sua maneira singular de escutar, sem ficar engessado. Porém, faço questão de alertá-lo para algumas ciladas que podem causar ruídos na comunicação e prejudicar um diálogo aberto:

- **Não apresse a pessoa nem tente concluir o pensamento dela**: essa ação pode fazer com que o cliente não fale algo crucial para que sua venda se realize.
- **Durante o diálogo, evite as distrações**: guarde o celular!
- **Deixe o julgamento de lado**: coloque a empatia em prática e tente entender a fala da pessoa sem ser influenciado por sua própria perspectiva.
- **Não seja seletivo ao ouvir**: informações valiosas podem ser lançadas durante a conversa sem que, a princípio, pareçam relevantes. Preste atenção em tudo!
- **Interaja e verifique**: faça perguntas e apontamentos pertinentes durante a conversa para garantir que você entendeu o que a pessoa falou.
- **Utilize a sua linguagem corporal e expressão facial para deixar a pessoa à vontade**: evite cruzar os braços ou demonstrar ansiedade balançando as pernas, por exemplo. Use a sua comunicação não verbal a seu favor.

Enfim, a escuta é o primeiro elo de uma forte relação de confiança com seu cliente. Vamos ver como essa relação acontece.

CRIANDO UMA RELAÇÃO DE CONFIANÇA JÁ NO PRIMEIRO CONTATO

É só a partir da escuta, do entendimento de quem é a pessoa à sua frente e de como pode ajudá-la que é possível criar uma relação de confiança.

Este é o ponto: como fazer uma primeira abordagem que gere confiança? Essa é uma pergunta que ouço muito em meus treinamentos. Uma boa forma

Passo 1 **67**

é utilizar o rapport.[22] Trazido da psicologia, rapport é uma técnica para iniciar conversas e se comunicar com menos resistência. Vastamente utilizada na área de vendas, essa técnica consiste em criar um engajamento inicial com outra pessoa utilizando um argumento em comum. Pode ser uma pergunta sobre algo de interesse do cliente – como no caso da pergunta sobre Direito, do vendedor de raquetes – ou um comentário ou concordância com relação a alguma afirmação do cliente sobre algo com o qual você se identifica. É como encontrar uma brecha por onde entrar para se aproximar do cliente, criando um vínculo inicial. O ritmo de fala e de movimentos corporais em comum também pode favorecer o rapport inicial.

Falando assim, de maneira simplória, posso dar a errada impressão de uma conversa "interesseira". Pelo contrário, não pode ser algo forçado. Sabemos que o cliente é sagaz e percebe as entrelinhas. Então, para funcionar, com o objetivo que buscamos, o qual é criar vínculo e confiança, essa conversa deve fluir naturalmente em volta de um ponto que conecte você ao seu cliente, e que seja genuíno para você.

Mantenha-se antenado com o mundo que o cerca, acompanhe os noticiários e nutra diferentes interesses. Será mais fácil encontrar esses pontos de conexão se você tiver conteúdo para falar sobre assuntos diversos.

Outro ponto de atenção são os elogios. Eles são ferramentas poderosas para iniciar um relacionamento; no entanto, cuidado com exageros e nunca faça um elogio pessoal, pois pode ser mal interpretado. Elogie algo do contexto, como a limpeza e organização da linha de produção, ou o bairro em que o cliente mora. Ou seja, elogie o contexto, não o cliente.

Além disso, para criar uma relação profissional de confiança quero citar os princípios utilizados por Dale Carnegie com base no conceito discutido no livro *Alta performance em vendas*.[23] Segundo ele, essa relação de confiança é conectada com três habilidades pessoais:

---

[22] Rapport é uma palavra de origem francesa (*rapporter*) que significa "trazer de volta" ou "criar uma relação".

[23] CARNEGIE, D.; CROM, J. O.; CROM, M. **Alta performance em vendas**: como fazer amigos & influenciar clientes para aumentar suas vendas. São Paulo: BestSeller, 2005.

- **Saber escutar**: habilidade que o torna capaz de formular a melhor solução, por isso destinamos parte deste capítulo para esse entendimento, afinal, não há relação de confiança onde não há uma escuta genuína.
- **Passar credibilidade**: competência valiosa, pois mostrará ao seu cliente quanto você conhece do produto que vende ou do mercado em que atua. É importante, nesse primeiro momento, que tenhamos exemplos de como resolvemos as questões parecidas de outros clientes.
- **Demonstrar profissionalismo**: seu comportamento mostrará ao cliente quanto você está comprometido com o sucesso dele. Quanto você entrega do que promete. Quanto você e sua empresa são dignas de confiança.

Não tem jeito, *a confiança é o pilar de qualquer negócio*. Eu confio em quem está atento às minhas necessidades, entende de seu mercado e está comprometido com o meu sucesso.

ARMADO OU NÃO, VOCÊ PRECISA ENTENDER O CLIENTE

Gostaria de compartilhar com você um caso pessoal de atendimento que mostra a importância da ausência de pré-julgamento para que a conexão inicial ocorra. O interessante é que, frequentemente, não fazemos o básico bem-feito. Esquecemos do óbvio.

Muitas vezes, os clientes chegam até nós completamente armados, ou "machucados" por produtos ou empresas com os quais tiveram uma experiência prévia não satisfatória. Sempre é preciso considerar isso, antes de qualquer julgamento durante um primeiro atendimento. O grande problema é que a maioria dos vendedores leva as questões para o pessoal, mesmo sem nunca ter cruzado com aquela pessoa antes.

Certa vez, tive o meu primeiro contato com uma cliente extremamente agressiva, e até pode-se dizer rude. Logo pensei, pela sua aparência simples, que deveria ter sido maltratada previamente, pois eu trabalhava em um local luxuoso. Quanto mais indelicada ou grosseira ela era, mais delicada eu me apresentava, e com isso ela foi se acalmando e vendo que, em mim, ela não encontraria um espelho para as suas emoções, e que eu não seria uma ameaça.

Em determinado momento, ela disse: "Flavia, gostaria de lhe pedir desculpas". Perguntei por qual motivo, e ela respondeu: "Pela forma como eu tratei você. Quando entrei aqui, estava muito nervosa pelo atendimento que recebi em outra loja e joguei o meu descontentamento em você. Saí direto da minha obra e vim para cá e me trataram como se eu não tivesse potencial de compra. Eu que 'toco' as minhas obras, é o meu hobby". Conversamos e demos seguimento ao atendimento, e, no momento oportuno, ela realizou uma grande compra. Em resumo: imagine se eu tivesse tido uma atitude reativa? No fim, ela se tornou a minha principal cliente. Fiz, com ela, as três casas mais lindas e sofisticadas da minha carreira; construí uma relação significativa com essa pessoa.

Você até pode pensar que o não julgamento é óbvio, mas não é bem assim que acontece no dia a dia. As pessoas sabem o que não devem fazer, mas não sabem a razão. Simplesmente executam – ou não – uma tarefa porque em algum momento foram orientadas dessa maneira. Deixam de fazer o básico bem-feito!

É preciso entender que estamos lidando com pessoas, e que nunca sabemos o que está por trás daquela compra, qual é a questão emocional envolvida. Nesse caso foi a minha abordagem inicial que fez com que tudo mais fosse se desenvolvendo da maneira mais tranquila possível, para me levar a uma negociação satisfatória para ambas as partes. Negociação, diferentemente do que as pessoas costumam pensar, não é um evento futuro, que ocorrerá no momento do fechamento do pedido, no momento de falar de preço. *Uma negociação começa a ser construída no primeiro contato.*

Uma relação de confiança se cria pelas nossas atitudes e pelo nosso comportamento, e não pela qualidade do nosso produto. Pense nisso!

HABILIDADES ESSENCIAIS

- **Use a técnica de rapport para se aproximar.** Pergunte o nome do cliente e use-o durante o atendimento. O nome de uma pessoa é o bem mais precioso que ela possui e que, muitas vezes, é dado antes mesmo do seu nascimento. Preste atenção na velocidade da fala, no tom de voz; tudo pode ser usado como ferramenta para aproximação.
- **Em caso de uma visita ou um contato ativo, diga o motivo do contato.** É muito elegante esse hábito, desde o início até o fim de um processo comercial. Em vendas de ciclo longo, muitas vezes essa conexão necessária para se chegar ao fechamento é perdida por questões simples. Como dizia um dos mentores que cruzaram minha vida: "Tropeçamos nas pedras pequenas, as pedras grandes enxergamos". Ou seja, preste atenção aos detalhes, não se esqueça das coisas simples.

Exemplo de abordagem: "Entro em contato com o senhor para falar sobre sua entrega. Teria dois minutos para conversarmos?".

- **Acolha o cliente.** Deixe-o confortável em sua presença e no seu ambiente. Seja delicado e ofereça algo para beber (água/café, por exemplo) e comer, se for o caso. Ou, se for uma reunião longa, pergunte se o cliente precisa usar o banheiro antes. Ele pode estar vindo de outro compromisso e esse acolhimento o ajudará a estar presente em sua reunião.
- **Ouça sem interromper.** Busque o entendimento do que ele está sentindo, e não simplesmente do que está falando.
- **Crie o mais rápido possível uma relação de confiança.** Fortaleça as três esferas de uma forte relação de confiança o mais rápido possível. Ouça, depois mostre conhecimento, bem como quanto você está comprometido com o sucesso do seu cliente.

ATIVIDADE

Sugiro que você, vendedor ou gestor, avalie como estão as habilidades de que falamos anteriormente e descreva abaixo como você pode potencializar cada uma delas. Faça isso consigo mesmo ou com a sua equipe.

Habilidade a ser desenvolvida	Como potencializá-la

5

Passo 2:

O que o meu cliente busca? Compreendendo realmente as necessidades técnicas, financeiras e emocionais

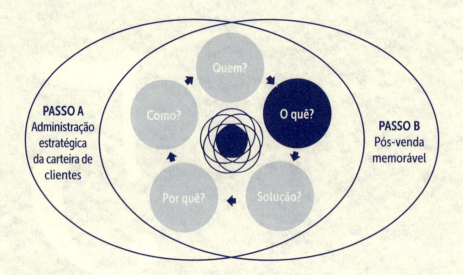

Agora que já acolhemos o nosso cliente e criamos conexão, é hora de avançar para descobrir, de verdade, qual é a necessidade, o desejo ou o sonho dele. Para explicar esse tema, quero contar a história do Marcos.

Com 55 anos, Marcos é pai de família, médico, tem uma rotina insana, adora pescar e sempre sonhou comprar um barco. Tem o plano de desacelerar do trabalho para navegar, aos finais de semana, com a família no litoral de São Paulo, onde mora. E vamos imaginar que você descobriu isso tudo durante a conversa de cinco minutos que teve com Marcos enquanto ele tomava um cafezinho logo que você o recepcionou.

Alguns sinais sobre ele estão claros: ele preza pela família, valoriza os momentos de lazer e tem um sonho. E você fará tudo o que está a seu alcance para permitir que ele consiga realizá-lo.

A conexão foi feita. Marcos vai contando mais sobre as suas necessidades enquanto passeia pelo galpão de barcos com os olhos brilhando. Você ouve atentamente e faz perguntas pontuais que o ajudarão a montar a melhor proposta, ou seja, indicar o melhor barco, aquele pelo qual ele vai se apaixonar e pelo qual poderá pagar.

Caso tenha ocorrido uma boa conexão nesse primeiro contato, você saberá do que ele precisa. Entretanto, muitas vezes o seu cliente não sabe dizer exatamente o que busca, e é você, usando as suas habilidades, que chegará a essa resposta ou o ajudará nesse caminho de descoberta. E, com base nela, desenvolverá a melhor solução para o cliente, aquela que encantará e despertará desejo. Mas, calma, porque esses são os passos 3 e 4, e falaremos sobre eles adiante.

Neste momento, deixo uma reflexão: como você costuma realizar a fase de pesquisa? De maneira geral, tanto nos treinamentos dos quais participei enquanto vendedora, quanto nos livros que li, e até no relato dos vendedores para a minha pesquisa de mestrado, a recomendação era muito parecida: é ensinado que os vendedores façam as perguntas. Ponto-final. Não existe uma preocupação em ensinar o que eles devem descobrir de fato e como usar essas informações para fechar o contrato. Fala-se sobre perguntas abertas ou fechadas, perguntas de situação, perguntas de problema ou de implicação.[24]

Essas perguntas, entretanto, cobrem parte do que é uma *fase de pesquisa de qualidade*. Esse tipo de treinamento ensina os vendedores a focarem as questões técnicas e raramente as financeiras – sem contar que se esquecem, quase totalmente, das questões emocionais. Vejo diariamente em meus treinamentos vendedores com dificuldade em descobrir quanto o cliente pretende investir na solução buscada, bem como a razão emocional motivadora da compra. E digo isso porque, na maioria dos treinamentos que ministro, costumo perguntar para os vendedores: "Vocês fazem esse tipo X de pergunta?". Eles respondem: "Sim, fazemos". Questiono: "Como vocês usam essas respostas para vender mais?", "Como essas perguntas/respostas os ajudam a fechar o negócio?". Na maioria das vezes, um silêncio gélido impera na sala.

Resumindo, as perguntas são feitas porque esses colaboradores foram treinados, mas não sabem como usar as respostas para vender mais.

---

[24] Perguntas desse tipo são importantes, mas são só o começo. Uma pergunta de implicação é uma pergunta que sugere uma resposta ou implica uma resposta específica dentro da própria pergunta. Ela é formulada de maneira a direcionar a pessoa a responder de uma certa maneira, muitas vezes sem que isso seja explicitamente evidente.

Portanto, mais do que usar scripts predeterminados de perguntas, é preciso desenvolver um "pensar em vendas" para saber *o quê* e *quando* perguntar, e como usar a resposta conquistada.

Por isso, o meu objetivo aqui é ensinar você a *descobrir o maior número de informações* possível para que seja capaz de identificar a *melhor opção para o cliente, e com isso despertar o desejo dele pelo seu produto ou serviço*. E a melhor opção sempre será a que considerar todas as questões envolvidas em um processo decisório, que são: as necessidades técnicas, financeiras e emocionais (veremos cada uma em detalhes a seguir).

Quanto mais bem-informado você estiver, mais poder terá no momento da negociação. Você precisa cumprir, no mínimo, boa parte das etapas de um briefing de excelência. Isto é, descobrir as três necessidades fundamentais do seu cliente para avançar no processo comercial e fechar o seu tão sonhado contrato. São elas:

Vamos estudar cada uma em detalhes?

NECESSIDADES TÉCNICAS

Quais são as necessidades reais que envolvem a escolha de seu produto ou solução? Essa é a lógica aqui. Vale observar, entretanto, que, nessa etapa das necessidades técnicas, os vendedores, em geral, são bem-treinados, pois aqui está o foco da maioria das empresas: empoderar o vendedor para entender sobre o que ele vende. Esses profissionais recebem inúmeros treinamentos técnicos que os instruem a fazer perguntas específicas em função do segmento em que atuam. O que até é muito importante, mas insuficiente.

Pensando sobre essa etapa, quero deixar alguns exemplos genéricos para que você tenha um ponto de partida e possa usá-los no mercado em que trabalha. São perguntas que vão auxiliar você.

- Seu cliente conhece o seu produto?
- Já utilizou esse produto previamente ou algum similar?
- Ele precisa desse produto?
- Sonha com esse produto?
- O que o fez buscar essa solução?
- Como ele chegou até você?
- Quais são as características do que ele está procurando?
- Para que ele quer esse produto?

Ter essas perguntas muito claras em sua mente é o que ajudará e definirá a possibilidade de você seguir para a próxima necessidade: a financeira. Vamos lá!

NECESSIDADES FINANCEIRAS

Quanto o seu cliente está disposto a investir em seu produto ou solução? Aqui residem dois dos maiores desafios dos vendedores:

- Descobrir quanto o cliente pode pagar pelo produto ou solução.
- Quanto ele realmente está disposto a fazer isso.

Parecem aspectos similares, mas são bem diferentes. Vamos pensar a respeito? Um exemplo para ilustrar: imagine um cliente da indústria alimentícia que entra em contato com a sua empresa para comprar insumos para a produção de bolos. Nesse cenário, geralmente o que vejo é uma preocupação excessiva com o budget do cliente. O vendedor acha que esse é o fator principal de compra, por ser uma commodity, ou seja, uma matéria-prima básica. Assim, ou ele tem o menor preço para ganhar a venda, ou ele a perderá.

Mas a realidade não acontece bem assim. O fator emocional conta, e o cliente poderá investir mais ou menos em seu produto, pagando até mais caro do que para o seu concorrente, muitas vezes. Pense em seu dia a dia: você sempre opta pelo mais barato? Provavelmente, não. Depende. Caso aquele produto não tenha importância para você, ou não apresente nenhum risco, talvez você opte pelo mais barato. Mas, se está buscando qualidade e diferenciação, é possível que pague mais caro.

Assim, como vendedores, é nosso dever fazer perguntas para entender qual é o peso desse produto ou dessa solução para o cliente. Qual é o impacto do seu produto na vida ou empresa dele? E aqui vale reforçar: não é porque o seu cliente pagou um valor alto no passado que ele pagará novamente. Os valores mudam ao longo do tempo e o fator emocional, sobre o qual falaremos mais para a frente, muda também.

Pensando sobre isso, separei perguntas que auxiliarão você a descobrir a capacidade e intenção de investimento de seu cliente. Porém, quero deixar algo bem claro: as respostas a essas perguntas devem ser descobertas de maneira indireta, para não causar desconforto. O cliente nunca falará de modo direto qual é a verba dele, a não ser que vocês já tenham uma relação de confiança, firmada previamente, e ele confie muito em você.

ONDE O SEU CLIENTE ESTÁ FAZENDO ORÇAMENTOS?

Muitas vezes, o cliente fala sobre isso diretamente; outras, não. Depende da pessoa e do seu grau de conexão com ela. Por isso, a relação de confiança é tão importante. Caso não haja essa conexão, dificilmente o cliente disponibilizará informações que facilitem o processo. Por outro lado, uma excelente conexão pode lhe abrir essa informação de maneira espontânea.

Você já deve ter ouvido de algum cliente a frase "Preciso que você faça o seu melhor, pois estou orçando com as empresas X e Y"; ou então "Quero fechar com você, portanto traga-me a sua melhor opção de pagamento, pois a empresa Z me ofereceu 90 dias para faturamento".

Esses são apenas alguns exemplos da importância de descobrir os orçamentos que estão na mesa.

Então, em uma primeira reunião, quanto mais rápido você conseguir essa conexão, melhor. E, quanto mais cedo tiver essas informações, melhor você poderá montar sua proposta e estratégia de negociação.

DE QUAIS EMPRESAS O CLIENTE COSTUMA COMPRAR? QUAIS SÃO OS FORNECEDORES PRINCIPAIS?

Essas respostas, muitas vezes, estão declaradas nos produtos, sites ou nas redes sociais do cliente. São informações que você pode colher direta ou indiretamente por meio de pesquisa prévia. Aproveito para ressaltar uma questão importante: quando essa primeira reunião é feita mediante agendamento, é possível e recomendado que você se prepare previamente. Essa informação o ajudará a entender o hábito de compra de seu cliente, bem como os valores com base nos quais ele decide.

COMO ELE PRETENDE PAGAR PELO PRODUTO?

Ter essa informação ajuda a montar a melhor proposta comercial e, muitas vezes, até a entender o momento de compra. Um exemplo claro disso é quando um cliente fala ao corretor de imóveis que, para dar a entrada, ele precisa vender outro imóvel que possui. Essa situação impacta todo o processo comercial.

Esses são alguns dos exemplos de perguntas, e elas podem variar em função do segmento no qual se atua, mas é importante entender qual é o valor e o peso que o cliente dá para aquele produto ou serviço. *Quanto mais importância esse produto tiver para ele, mais disposto ele estará a pagar. Quanto mais resultado esse produto trouxer, mais disposto ele estará a investir.* Simples assim.

NECESSIDADES EMOCIONAIS

O que motivará o cliente a tomar uma decisão que leve você ao fechamento do pedido? Essa é a *chave* da metodologia. É o *segredo* de todo o processo comercial!

Você sabia que as nossas decisões de compra são majoritariamente emocionais? Emocionais! A gente decide muito mais de modo inconsciente do que racional. Foi isso que Daniel Kahneman, ganhador do Prêmio Nobel de Economia, nos mostrou em suas pesquisas no livro *Rápido e devagar*.[25] Em outras palavras, não somos tão racionais quanto pensamos

---

[25] KAHNEMAN, D. **Rápido e devagar**: duas formas de pensar. Rio de Janeiro: Objetiva, 2012.

ser. E, conforme o conceito de Freud, o pai da psicanálise, não somos senhores nem em nossa própria casa,[26] ou seja, há partes do nosso cérebro que não conhecemos e não controlamos. E isso acontece na maneira como lidamos com as coisas em nossa vida, mas também no modo como tomamos decisões.

E sabe por quê? Quando estamos interagindo com um produto, o lado emocional do nosso cérebro fala mais alto, suprimindo o lado racional. Alguns fatores contribuem para isso, como a experiência que temos com a marca (ou produto), a conexão criada com ela, as sensações que evoca, lembranças ou sonhos ligados a ela ou ao seu uso, vivências anteriores, desejos e angústias. Enfim, são muitas emoções envolvidas. Por isso, é tão importante entender as *razões emocionais* que guiam o seu cliente à compra. Essa pode ser a etapa que está faltando para você ter resultados extraordinários.

PONTO EMOCIONAL PRINCIPAL: A CHAVE DA VENDA

Todos os dias tomamos decisões de maneira emocional, como já vimos, porém vale explicar que essas razões emocionais são impactadas pelos nossos *valores pessoais*. Com isso, estou me referindo aos princípios e às crenças que dão sentido e significado às nossas vidas, como honestidade, família, amor, compaixão, respeito, justiça etc. Existem também os valores relacionados ao consumo, como inovação, status, qualidade, conveniência, agilidade, comprometimento etc.

Então a pergunta que fica para o seu cliente é: o que ele valoriza? Quanto você consegue se conectar ao seu cliente a ponto de entender os valores dele? Fazer isso é entender qual é a base para a tomada de decisão pela compra do seu produto ou serviço. E saiba que *toda* venda que você já realizou, consciente ou não, demonstra que você atingiu o *ponto emocional principal*,

---

[26] FREUD, S. Uma dificuldade da psicanálise, 1917. *In*: FREUD, S. **História de uma Neurose infantil, ("O homem dos lobos"), Além do princípio do prazer e outros textos (1917-1920)**: obras completas volume 14. São Paulo: Companhia das Letras, 2010.

ou PEP, do seu cliente. *Não existe venda que não atenda às questões emocionais*, por mais racional que pareça.

Faça uma reflexão consciente em seus atendimentos e concordará comigo. Reflita sobre o que o levou ao fechamento, sobre as oportunidades perdidas. Aposto que você chegará à conclusão de que, em ambos os casos, o PEP estava envolvido.

Assim, fiz uma lista de alguns dos principais valores que podem impactar a decisão do cliente e, consequentemente, a venda, mas ressalto que esses valores variam em função do segmento em que você atua, do tipo de cliente que tem e da geração à qual ele pertence. O que importa aqui é checar os valores que coloquei e pensar em quais podem estar sobrando ou faltando para o seu mercado de atuação. Deixei um espaço ao lado para que você já faça uma marcação naqueles com os quais se identifica.

☐ **Integridade pessoal e empresarial**
Quanto você e sua empresa representam esse valor para o cliente.

☐ **Coerência**
Muitos vendedores pecam ao falar coisas que não podem cumprir ou não cumprem o que falam. Além disso, vale ressaltar a coerência da marca. Ela pratica o que divulga?

☐ **Responsabilidade social**
Clientes, principalmente nas gerações mais novas, têm esse valor como muito relevante para comprar de uma marca. Em que medida a sua empresa impacta positivamente a sociedade?

☐ **Responsabilidade ambiental**
Quanto a sua empresa impacta o meio ambiente? Vejo sempre empresas com ações sustentáveis, mas cujos próprios vendedores não sabem disso ou, se sabem, não valorizam essa informação em seus atendimentos.

☐ **Agenda de Diversidade, Equidade e Inclusão (DEI)**
Valor muito importante para as gerações mais novas também, que preferem comprar de empresas que tratam dessa temática com responsabilidade.

☐ **Conveniência**
Em minhas pesquisas, esse valor tem aparecido como muito relevante em uma sociedade na qual o tempo é cada vez mais escasso, e as pessoas

precisam de empresas e vendedores que lhes facilitem a vida, e não que a compliquem com processos despersonalizados e engessados. Fato: o cliente comprará da empresa que mais facilitará a vida.

☐ **Personalização**

As pessoas buscam produtos/soluções exclusivos que as tornem diferentes da massa, ou que lhes tragam ganhos conforme sua necessidade.

☐ **Empatia**

Os consumidores querem se ver nas marcas, querem soluções que os façam se sentir especiais. Para ilustrar, cito a loja de lingerie Parade, cujas ações de marketing são feitas com modelos com corpos reais, e não mais modelos esculturais.

☐ **Status**

Comunicamos o tempo todo, e a nossa comunicação vai além do que falamos, aonde vamos, o que comemos, com quem andamos, quais produtos utilizamos... Tudo diz muito sobre nós, e, para alguns, status é um grande valor.

☐ **Qualidade**

Os clientes buscam produtos que atendam às expectativas nesse quesito, que envolve retorno sobre investimento e manutenção baixa, por exemplo.

☐ **Durabilidade**

Há clientes que privilegiam produtos que durem, e isso se dá por vários motivos, como melhor aproveitamento financeiro, maior cuidado com o meio ambiente e outros.

☐ **Design**

Design diferenciado no que tange a itens como exclusividade, praticidade no uso e sofisticação.

☐ **Conforto**

Refere-se ao conforto no uso e à comodidade de compra. Quanto esse produto é adequado para o cliente?

☐ **Agilidade**

O cliente precisa desse produto rapidamente?

☐ **Bem-estar**

Pode estar ligado ao bem-estar pessoal ou familiar, ou da equipe da empresa.

☐ **Afetividade**
A escolha é feita para agradar ou para promover o bem de alguém.
☐ **Confiança**
A escolha é feita pelo grau de confiança que o cliente tem no vendedor ou na empresa.
☐ **Segurança**
Opta-se pelo produto que representa menor risco para a saúde física ou mental, ou até mesmo para a segurança financeira, com menor risco de sofrer alguma perda.
☐ **Exclusividade**
As pessoas buscam se sentir únicas e especiais, e a exclusividade é um valor que tem impactado muito a maneira como os consumidores tomam decisões.

PEP É O CERNE DA VENDA. ELE É A RAZÃO EMOCIONAL QUE GUIA O CLIENTE PARA FECHAR A VENDA, OS VALORES PESSOAIS DELE QUE SERVIRÃO DE BASE PARA A TOMADA DE DECISÃO.

A partir desse entendimento, fica mais fácil saber quais perguntas fazer para descobrir as questões emocionais. Veja os exemplos que separei a seguir. Colocarei também as possíveis respostas, em forma de minidiálogos para explicar mais ainda como *o PEP pode estar claro para o cliente ou não, mas precisa estar claro para você*! Vale ressaltar que esse espaço tem como objetivo apenas iniciar o entendimento. Muitas vezes, precisamos de várias perguntas para saber com certeza com base em qual valor o seu cliente decidirá.

1 – Qual é o momento de vida do seu cliente?
Vendedor (V): O que está levando você a mudar de casa?
Cliente (C): A minha família vai crescer. Minha esposa está grávida de gêmeos, e quero proporcionar um espaço bacana para os meus filhos brincarem e interagirem. Hoje o nosso condomínio não tem área de lazer.
Possível PEP: conforto, conveniência e bem-estar da família.

2 – Qual é a visão de futuro do cliente? O que ele espera conquistar com o produto ou serviço que você oferece?

V: Quais benefícios você espera atingir em sua linha de produção com a procura por essa máquina?

C: Eu imagino ganhar performance, uma linha de produção mais ágil, pois temos um gargalo que está me impedindo de crescer.

Possível PEP: o cliente verbalizou ganho de performance, agilidade e maior capacidade produtiva.

3 – Como é a rotina?

V: Você gosta de cozinhar? Quem usará esse ambiente?

C: Eu cozinho somente no domingo; no dia a dia, quem cozinha é a Maria, a pessoa que foi minha babá e hoje me ajuda na criação dos meus filhos. Ela é uma das pessoas mais importantes para mim, e quero que essa cozinha seja projetada para ela. Ela já tem idade e quero lhe proporcionar o maior conforto.

Possível PEP: bem-estar de uma pessoa querida.

4 – Quais são os seus desejos e sonhos? Necessidade × desejo.

V: O que fez você escolher esse modelo de carro?

C: Comprar um carro dessa marca sempre foi um sonho para mim, ele é maravilhoso. Tem alta tecnologia, motor forte; inclusive, o meu antigo chefe tinha um.

Possível PEP: status.

5 – Quais são as angústias do seu cliente?

V: Você já teve uma experiência prévia de contratar um arquiteto de interiores para sua casa, ou trabalhar com um?

C: Nunca tive um profissional ao meu lado. Uma amiga me falou que é ótimo, a arquiteta dela indicou empresas excelentes e acabou ganhando tempo de execução da obra.

Possível PEP: confiança e conveniência.

6 – O que é mais importante para ele em relação à compra?

V: O que é mais importante para você na escolha do seu fornecedor de tecnologia?

C: Na verdade, eu preciso de suporte técnico ágil, de alguém que entenda a necessidade de nossa empresa e customize tudo de modo rápido e sem grandes investimentos adicionais.

Possível PEP: suporte e segurança.

7 – O que o levou a buscar o produto ou a empresa?
V: O que trouxe você até aqui, à minha loja?

C: Uma amiga comprou um vestido aqui e disse que vocês ajustam super-rápido.

Possível PEP: conveniência.

8 – Qual é o critério mais importante na escolha desse produto/empresa?
V: Imagino que você esteja cotando em várias empresas, inclusive com seu fornecedor atual. Assim, o que faria com que eu ganhasse a concorrência? Qual item é mais importante para você, dentro de tudo o que falamos?

C: Preciso realmente de uma máquina que garanta a qualidade e reduza o descarte de produtos pelo meu setor de qualidade. Para nós, o mais importante é a qualidade dos nossos produtos; prezamos por isso, inclusive esse é nosso maior diferencial.

Possível PEP: garantia da qualidade, menos perda e, com isso, preocupação com o meio ambiente.

Viu como parece complicado, mas é simples? O que você precisa é ter uma escuta atenta e a habilidade de fazer as perguntas certas que o ajudarão a entender o que é importante para o cliente. Muitas vezes, ele verbaliza de modo claro; em outros momentos, não, por isso precisamos estar atentos a tudo, a todo o ambiente e a personagens que podem influenciar a escolha. Não tenha medo de perguntar! Essa segurança é fundamental no processo.

VOCÊ DESCOBRIU O PEP

Ao identificar essa motivação, o vendedor descobriu o PEP e, a partir daí, só não venderá se não quiser. *O PEP é o cerne da venda. Entendendo isso, o vendedor consegue fechar qualquer negócio com qualquer pessoa.*

Passo 2 **85**

Além disso, trabalhar as *razões emocionais* que guiam o cliente a comprar propiciará uma experiência de compra mais positiva e satisfatória, pois você será capaz de entregar nos próximos passos a solução perfeita que ele está buscando, e isso tornará a negociação muito mais fácil. Não é manipulação, é assertividade.

Veja a seguinte situação: um vendedor de carros atendeu uma senhora que estava procurando um carro para dar ao filho de 18 anos. A cliente era poderosa, chegou com um carro de alto valor e o vendedor se empolgou. Ela tinha pedido um carro simples; disse que era o primeiro carro do filho; o vendedor a levou para ver um modelo superior, com motor 2.0, cheio de acessórios, alegando que o garoto iria adorar, que o carro tinha muita força e que chegava em 100 km por hora rapidamente.

Como estava presencialmente nesse momento, fiquei ouvindo e olhando para a senhora. A cada vez que ele falava da velocidade e força do motor, ela ia se contorcendo. Fiquei imaginando a mulher vendo o próprio filho que acabou de tirar a habilitação com um carro desses. Ele poderia bater no primeiro poste e se machucar feio! O vendedor deveria ter falado dos equipamentos de segurança, da possibilidade de blindagem, de como era fácil de aprender a manobrar e dirigir esse carro e de que ela estava, com certeza, comprando um carro seguro para o filho, ele seguiu um caminho diferente.

Em resumo, a senhora saiu da loja apavorada, com um olhar de pânico, e o vendedor não percebeu. Ele mesmo matou a possibilidade de venda que tinha. Ela, que estava decidida a comprar um carro X, ficou em dúvida pelas possibilidades Y que ele deu para ela. Venda perdida. A ganância dele fez com que perdesse a venda.

Essa leitura errada do vendedor em relação à cliente e do que era importante para ela (segurança e bem-estar) mostra que ele não estava prestando atenção no PEP. Poderia ter perguntado se o garoto iria pegar estrada para a faculdade, como usaria o carro e assim por diante. Deveria ter construído uma argumentação para tocar o coração daquela mãe, atendendo aos anseios e às inseguranças que estavam em jogo. O sonho era comprar um carro para o filho, e o vendedor poderia tê-la ajudado com isso. Por isso, o PEP é tão importante!

Os clientes esquecerão as informações que não fizerem sentido para eles, mas nunca esquecerão as informações que atendem aos seus anseios emocionais, isto é, as sensações que você gerou.

Outro exemplo bastante comum e que você já deve ter vivido acontece com quem busca casas ou apartamentos. O corretor de imóveis muitas vezes apresenta os ambientes desta maneira: "Aqui é a sala, aqui é o quarto, aqui é a cozinha", como se o cliente em questão não estivesse vendo. Isso é engraçado, mas é assim que muitos vendedores se comportam. Se, em vez de apenas repetir o que o cliente está vendo, o corretor se preocupasse em se conectar com o cliente, entender seus valores e olhar para o imóvel pelo ponto de vista dele, com certeza teria muito mais sucesso em sua abordagem e argumentação. Saberia mostrar como aquela sala teria a iluminação e ventilação que o cliente sempre sonhou, que a varanda seria ótima para pintar os seus quadros nos momentos de lazer, que a cozinha é perfeita para uma reunião em família etc.

Quais demandas aquele cliente precisa solucionar com o novo imóvel? Como é a família dele? O que ele valoriza em uma moradia? Como é a rotina dessa pessoa? Essas são apenas algumas perguntas possíveis para chegar ao PEP. E você deve formular as suas.

O PODER DAS ANGÚSTIAS

Falamos de desejos, sonhos, necessidades técnicas e financeiras, mas dentro das necessidades emocionais gostaria de destacar o poder das angústias no processo comercial. Aqui quero trazer uma questão para reflexão: *a angústia não tem relação com as dores do cliente.*

De nada adiantará você conhecer as dores do cliente se não souber como ele vai tomar a decisão. "Gurus das vendas", cursos na internet e a turma do marketing digital falam sobre as dores do cliente como se isso fosse "a mágica" das vendas. Como se esse ponto fosse a chave para qualquer fechamento de contrato. Mas não é bem assim. Você precisa descobrir a angústia por trás da dor para entender qual é o PEP. Isso mesmo, a angústia tem ligação direta com o PEP, mas ela por si só pode levar você para um caminho que não o conduzirá ao fechamento da venda.

Deixe-me apresentar um cenário para elucidar essa questão. Temos dois clientes que querem um apartamento. As duas esposas estão grávidas e precisam de um apartamento com um quarto a mais para o bebê que está chegando, e estão vendo o apartamento no mesmo prédio. Concorda que a dor é a mesma? As duas famílias precisam de um apartamento com um quarto a mais.

Pois bem, as dores podem ser as mesmas, mas as angústias são diferentes. O casal A precisa de um apartamento maior, mas quer que a vaga de garagem seja demarcada e sem sorteio; querem ver a garagem, pois o carro deles é grande e difícil de manobrar em espaços pequenos. Já o casal B quer um apartamento maior, mas que permita que a cozinha seja integrada com a sala e que bata sol pela manhã. Perceba: o fator emocional de compra é diferente. O casal A tem receio da garagem pequena, e o casal B quer luminosidade e integração da família, pois eles têm outro filho e querem ficar de olho nas duas crianças enquanto estão na cozinha. Você percebe onde está o ponto principal que impactará a decisão de compra?

Então, fique atento a cursos de vendas que focam a dor do cliente. É importante entender a dor? Sim, mas não é o suficiente. *Você deve ir mais fundo, sendo "cirúrgico" e preciso em seus atendimentos. Precisa estar atento a todos os detalhes.* Nesse novo cenário, não há mais espaço para amadorismo em vendas.

VAMOS ANALISAR DUAS HISTÓRIAS?

É importante que você entenda que a resposta para a pergunta "O que o cliente busca?" é uma mescla de tudo o que você reuniu sobre ele, ou seja, o profundo entendimento de todas as questões envolvidas no processo decisório. Se você, vendedor, reuniu boas informações no seu briefing técnico, financeiro e emocional, eu garanto: a venda vai ser realizada!

Se não houve conexão, se não foi possível montar um briefing técnico, financeiro e emocional profundo, e você não faz ideia do PEP, sinto dizer, mas é preciso voltar uma casa. Quebrar a barreira inicial, com acolhimento, rapport e escuta empática é o que vai abrir caminho para chegar ao PEP e, depois, ao fechamento do pedido.

Assim, vejamos dois *cases* importantes.

CASE 1

Certa vez, eu estava dando uma palestra para arquitetos e designers de interiores. Quando comecei a falar sobre briefing emocional e PEP, percebi que aquele assunto era uma novidade completa para eles. Nunca haviam pensado em montar um perfil sobre os clientes nesse nível. Depois, durante o café, conversando com um dos profissionais, ele contou algo que me marcou e que gosto de reproduzir.

Esse arquiteto atendeu uma senhora que desejava fazer uma modernização em seu quarto. Durante o atendimento, ele a deixou à vontade, e a conexão entre os dois foi tão boa, que ela começou a confidenciar que seu casamento andava "morno" e ela não sabia mais o que fazer. Quando o arquiteto foi até a casa para tirar as medidas, ele, que tinha uma personalidade para lá de expansiva e já sentindo certa abertura, brincou com ela: "Também, com esse quarto!", se referindo ao tom bege e sem graça que tomava conta do ambiente. A senhora se divertiu com o comentário e confiou no talento dele como profissional para propor uma remodelação total do ambiente. E isso mudou a vida dela.

O arquiteto me contou que, durante o atendimento, algo falava mais alto: o bem-estar daquela cliente estava em jogo, seu casamento estava em jogo. E o que ele poderia fazer pelo bem-estar dela? Veja, mesmo não pensando estrategicamente sobre o PEP, esse arquiteto conseguiu acessar o briefing emocional da sua cliente e ofereceu uma solução que a encantou. Aqueceu o quarto, o remodelou de maneira a torná-lo aconchegante e criou um "ninho" para o casal.

A grande questão é: ele só teve a satisfação dessa cliente atendida porque descobriu o que era mais importante para ela, que era salvar o casamento, e não a decoração em si. Isso se deu de maneira intuitiva. Essa consciência é fundamental para um bom profissional, principalmente de vendas. *É preciso ter clareza do que motiva a pessoa na tomada de decisão, de qual é a sua principal expectativa.* É preciso saber qual é o resultado emocional esperado. Por isso, muitas vendas são fechadas e outras não. Por isso, muitos clientes ficam satisfeitos ao final e muitos não.

CASE 2

Agora vou contar um *case* pessoal. Esse foi um atendimento maravilhoso que prestei para uma cliente indicada, mas eu consegui *perder* a venda. Já aconteceu com você? Dar um atendimento impecável e mesmo assim perder a venda?

Certo dia, antes de ter esta metodologia 100% estruturada, recebi a ligação de uma cliente. Bruna era filha de um cliente meu que havia feito a casa inteira comigo. Era um cliente maravilhoso, de uma família tradicional de São Paulo, com uma excelente condição financeira. Dinheiro não era problema ali. No momento da ligação, pensei: *Está fechado!* Bastava me conectar com a filha dele e fazer um bom projeto, pois os pais me amaram, amaram os produtos, ficaram extremamente satisfeitos e eu sabia que iria encantar novamente.

Marcamos a reunião de briefing; eu me conectei facilmente com ela; peguei o maior número de informações possível; tudo o que eu precisava para um bom projeto estava comigo (briefing técnico). Fiz o projeto para a casa dela, que seria uma mansão maravilhosa em Sorocaba. Ela tinha me passado onde estava orçando, quais eram os valores dos concorrentes e qual era o valor ideal para o meu projeto agradar ao marido dela e ele não colocar nenhuma objeção (briefing financeiro). Tinha tudo o que precisava para fechar aquele negócio. A minha solução estava perfeita, com um projeto lindo e tudo o que ela me pediu. O valor dentro do esperado para construir uma negociação sem intercorrências. O que poderia dar errado? Aqui tive o meu despertar para o PEP. Vamos analisar juntos?

Chegou o dia da apresentação, meus colegas viram o projeto e falaram: "Ela vai amar, você arrasou!". Cheia de autoconfiança (o que em excesso é ruim em vendas, atrapalha, pois deixamos de ficar atentos aos detalhes), fui para a apresentação. De fato, a cliente amou, não pediu nenhuma alteração; ficou encantada com a minha habilidade em captar todas as necessidades dela e as do marido e transformar essas informações no projeto mais lindo que ela já tinha visto. Projeto imenso, praticamente sem alteração nenhuma: só um puxador ali, uma gaveta a mais no closet, coisas simples. Como o marido não veio, ela pediu que remarcássemos e assim negociássemos a condição de pagamento.

90 Vendas: ciência ou intuição?

Na apresentação do projeto, falei da qualidade do material e como era durável. Todos querem qualidade, não é? E no dia combinado ela retornou à loja sem o marido. Pensei: *Perdi a venda; não sei como, mas perdi.* Os meus colegas disseram que era bobagem minha, no entanto eu havia saído do modo autoconfiança. Ela pediu que eu lhe mostrasse o projeto todo novamente e sem alterações a solicitar. Disse que viria novamente, outro dia, com o marido para fecharmos.

Resumindo, não apareceu nunca mais. Até liguei para ela, pedi uma satisfação, afinal tinha feito o projeto da casa do pai dela de maneira impecável. No caso dela, o projeto estava lindo e o valor dentro do esperado, então queria era entender por que tinha perdido a venda. Até que ela me disse: "Sabe, Flavia, você foi ótima e seu produto é de extrema qualidade, mas fiquei pensando: *Por que não comprar algo mais simples, uma vez que enjoo e troco tudo a cada dois anos?* Não precisava de um produto com a qualidade do seu. Comprei as coisas em uma empresa aqui de Sorocaba mesmo, pela metade do preço. Não preciso investir em um produto com tamanha qualidade. Posso ter algo de qualidade inferior, já que não precisa durar tanto".

Pronto! Esse era o motivo. Se eu tivesse usado os argumentos de que a qualidade do meu produto proporcionaria uma modernização nos ambientes, e assim conseguiríamos uma casa com a cara nova, sem muito investimento e praticamente nenhum transtorno de tempos em tempos (o que era verdade), a minha venda estaria fechada.

Pelo não entendimento do PEP e o uso de argumentos errados, conduzi o atendimento para a perda da venda que, hoje, com o valor da comissão, me tornaria capaz de comprar um carro zero. Posso falar uma coisa para você: dói profundamente cada vez que me lembro desse atendimento e de como eu, no passado, assim como alguns vendedores, matava as próprias galinhas de ouro entregando atendimento excelente sem a clareza dos passos, sem estratégia e sem o conhecimento do PEP. Enfim, deixei muito dinheiro na mesa e você pode estar deixando também ao não aplicar isso. Então, lembre-se: *sem a clareza do PEP não há venda. Mesmo que o atendimento seja impecável.*

HABILIDADES ESSENCIAIS

- **Compreender as necessidades do cliente**: tenha clareza de tudo o que ele precisa técnica, financeira e emocionalmente, para que você possa, no passo seguinte, apresentar a solução que o fará sentir-se confortável em decidir.

- **Perceber o ponto emocional principal (PEP)**: com base em quais valores o seu cliente tomará a decisão? O que é mais importante para ele, dentro do cenário de decisão? O que o motivará a comprar o produto ou serviço?

- **Conhecer o orçamento do cliente**: apresente ao cliente a solução que o encante e pela qual ele possa pagar. Caso contrário, ele se frustrará e você perderá a venda.

- **Identificar quem decide a compra**: muitas vezes, o vendedor erra por não estar atento ou não conseguir acesso ao decisor da compra. Quem decide pode não ser quem negocia. Fique atento a isso. Se houver várias pessoas envolvidas nesse processo decisório, é recomendado atentar às necessidades emocionais de todos os envolvidos.

- **Verificar em qual concorrente o cliente está orçando**: essa resposta vai ajudar a sentir o padrão de produto a que o cliente está acostumado ou que está buscando e, assim, alinhar a proposta quanto a preço e condições de maneira mais assertiva, incluindo desenvolver melhor seu conjunto de argumentações. Essa informação o prepara para muitas objeções que podem surgir.

- **Deixar a próxima reunião agendada**: sempre termine uma interação com o cliente, seja um telefonema , seja uma mensagem, uma visita, com o próximo passo agendado. Você é o condutor da venda, e não o cliente. Quem controla os próximos passos está, na verdade, controlando a venda. E isso deve ficar na sua mão, e não na do cliente.

- **Descobrir qual é a previsão de fechamento**: saber para quando o cliente precisará de seu produto ajudará você a saber o momento certo de apresentar a proposta e, com isso, ter a negociação em suas mãos.

- **Usar pergunta de confirmação**: ao firmar um compromisso com o cliente, verifique se ele está de acordo. Exemplo: "Posso ligar na sexta pela manhã?", "Quarta às 9 horas fica bom para nos encontrarmos em sua fábrica?". Sugira e verifique com o seu cliente o melhor momento para a próxima ação no processo de vendas.

DICAS PARA O GESTOR

Invista em treinamentos que vão além de questões técnicas de produtos: ajude sua equipe a entender mais de gente. Vendas são feitas por e para pessoas.

Se necessário, atenda junto com seu vendedor. Em uma visita, você poderá ajudá-lo a ver o que não está vendo, ouvir o que o cliente não está falando. Quando era gerente, eu tinha a prática de sempre perguntar aos meus vendedores: "O que você percebeu? Identificou o PEP do cliente? O que você entendeu sobre o cliente? Quanto ele quer investir? Quando ele pretende fechar?". Esse bate-papo rápido me ajudava a desenvolver neles o olhar que os ajudava a vender mais e a aguçar a percepção.

Faça a atividade a seguir junto com sua equipe.

ATIVIDADE

Sugiro que você, vendedor ou gestor, faça uma lista de possíveis perguntas a serem usadas para ajudar a descobrir o PEP de seu cliente, bem como as questões técnicas e financeiras. Use esse momento para isso, antes de avançarmos.

Lista de perguntas para um briefing técnico:

1. _____

2. _____

3. _____

4. _____

5. _____

6. _____

7. _____

8. _____

9. _____

10. _____

Passo 2   93

Lista de perguntas para um briefing financeiro:

1. _____
2. _____
3. _____
4. _____
5. _____
6. _____
7. _____
8. _____
9. _____
10. _____

Lista de perguntas para um briefing emocional:

1. _____
2. _____
3. _____
4. _____
5. _____
6. _____
7. _____
8. _____
9. _____
10. _____

6

Passo 3:
Qual é a melhor solução para o meu cliente? Desenvolvendo a solução ideal

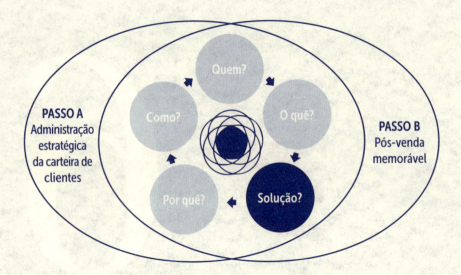

C hegou a hora de aprendermos a desenhar a melhor estratégia para tocar o coração do nosso cliente. Sim, coração! Como a maioria das compras que fazemos é emocional, conforme vimos, nada mais natural que essa proposta leve em consideração as emoções presentes.

Ao investir tempo de qualidade na conexão e na fase de pesquisa, será mais fácil seguir para a apresentação da proposta. E você se lembra de quando falamos que o segredo aqui está na ordem dos processos? Isso é muito importante para avançarmos. Não podemos apresentar uma solução jogando simplesmente as opções como em uma roleta, com baixa chance de acerto; precisamos pensar em todas as pontas para que você não erre e feche o contrato. Então vamos lá?

DESENHANDO A MELHOR OFERTA PARA O CLIENTE (E NÃO PARA VOCÊ!)

O nosso objetivo é, a partir das informações que você já tem, analisar e desenvolver a solução que encantará o cliente. Para isso, é importante que anote quais são as necessidades técnicas, financeiras e emocionais do cliente, qual é o PEP, qual é o real motivo que o fará comprar de você. Essas informações precisam ser consideradas na formulação da proposta. Relacione tudo o que é importante para ele e desenhe a estratégia escolhendo, entre as opções oferecidas pela empresa, qual atende a todos os anseios técnicos, financeiros e, principalmente, emocionais. Ou, pelo menos, a maioria deles.

Para avançar nesse passo, você precisa ter preparo prévio e clareza de todas as etapas anteriores. É preciso organizar a argumentação e ter uma "carta na manga" para possíveis imprevistos, isto é, uma segunda opção se aquela não for a mais adequada ao seu cliente, caso apareça uma objeção e surja a necessidade de superá-la. Ao agendar uma nova reunião, não se pode perder a oportunidade de fechar a venda. É o que sempre falo para as equipes comerciais: "Quando o cliente vai embora, você tem 50% de chance de ele voltar e 50% de ele não voltar". A venda só está garantida quando o contrato é assinado.

Nesse sentido, precisamos falar também sobre contatos por e-mail ou mídias digitais. É muito comum o vendedor enviar o orçamento sem um contato prévio com o cliente, entretanto vamos imaginar a metodologia e tudo o que aprendemos até agora: precisamos nos conectar com o consumidor; precisamos fazer uma pesquisa, conhecer o PEP, montar um briefing e ter algo assertivo para oferecer a melhor solução. Você acha que, sem um contato prévio, existem muitas chances de a venda ser fechada? Com certeza não.

Entendo, é claro, que existem as especificidades de cada modelo de negócio e não quero olhar o mundo com lentes cor-de-rosa, mas, se todas as etapas não são bem-feitas, as taxas de conversão serão cada vez menores. É preciso conectar e levantar todas as possibilidades e alternativas. Pensar em quais objeções podem aparecer e como solucioná-las. Aqui começa o planejamento de uma negociação efetiva.

Além disso, existe um paradigma que precisa ser quebrado: *negociar não é mostrar preço e dar desconto, não é um evento pontual.* Negociar começa quando já estamos pensando em qual solução vamos oferecer, qual produto ou linha vamos apresentar ao nosso cliente. Negociação é uma construção que começa aqui, quando estamos desenhando a *melhor proposta dentro das possibilidades financeiras do cliente.*

Para uma solução que encante, é preciso olhar com os olhos do cliente e responder à seguinte pergunta: "Se eu fosse o cliente, baseado em tudo o que o vendedor me disse, eu compraria esse produto/serviço?". Ou então: "Essa solução me atende?". Sem estar seguro da resposta, você não pode avançar e ir para o próximo passo ou para a próxima reunião.

Lembrando, é claro, que é possível aplicar o que estamos vendo aqui tanto em uma ligação de central de reservas de um hotel – que leva, no máximo, quatro minutos – quanto em uma venda de ciclo longo – que pode demorar até um ano para a concretização. Pode parecer impossível, mas treino muitas equipes de televendas que precisam cumprir a metodologia toda em uma única ligação, pois, se o cliente desligar, ele não voltará mais.

Portanto, ofereça o que o cliente busca, e não o que você quer vender. Não tente vender o que mais domina ou gosta; pense nas necessidades do cliente. Vendedores tendem a apresentar os produtos com os quais se sentem mais confortáveis dentro da linha de produtos da empresa, mas isso nem sempre é o melhor para o cliente, ou o que ele está buscando. Então, fique atento para não cair nessa armadilha. Caso não conheça bem toda a linha de produtos da sua empresa, sugiro focar o estudo dos materiais o mais rápido possível. *Você deve ter domínio não só do que vende, mas também do mercado em que atua.* Pense nisso!

Certa vez, um cliente disse que queria uma cozinha gourmet toda amarela em sua cobertura. Na hora, fiquei arrepiada. Quem me conhece sabe que não gosto de amarelo em decoração, ainda mais em uma cobertura, onde o sol iria bater e ressaltaria mais ainda a cor. Muitas vezes, diante desse tipo de situação, vendedores tentam convencer o cliente de que existem outros acabamentos e revestimentos que ficarão melhores, o que é um erro. Se o cliente quer uma cozinha amarela, preciso fazer com que ela, mesmo amarela, fique a mais bonita possível. Tenho que realizar o sonho dele, mesmo que para mim seja um desafio projetar e compor uma cozinha amarela. Não sou eu quem vai morar lá; o investimento não é meu, é dele. É ele quem precisa ficar feliz.

Para que essa venda se realizasse, pesquisei e busquei referências nas quais eu pudesse me apoiar para fazer um projeto de que ele gostasse. Tive que sair da minha zona de conforto, busquei inovar a minha maneira de projetar e, ao fim do desenvolvimento da solução, fiquei satisfeita com o que projetei e consegui encantar o cliente.

Na busca pela melhor solução, existe um detalhe que faz toda a diferença: temos que *olhar a proposta pelo ponto de vista do cliente*. O esforço do vendedor nessa fase precisa estar concentrado em desenhar a melhor oferta para o cliente, *não para si mesmo*. Percebe a diferença? Ao assumir uma postura de foco na necessidade do cliente, você não vai montar uma proposta com o produto que lhe dará a maior comissão ou com aquele que precisa girar. Não. Você vai montar uma proposta com a melhor solução para quem importa: o consumidor.

Para encantar, essa proposta precisa estar ligada ao PEP e a tudo o que vimos até aqui. Agora você já sabe que, se a proposta não cumprir as necessidades técnicas, financeiras e emocionais do seu cliente – como status, qualidade, conveniência etc. –, ela não estará completa. Não deixe de lado essa etapa tão importante, pois ela representará o seu sucesso futuro. Enxergar o PEP na proposta é fundamental; é isso que fará com que o cliente escolha você e, com isso, você consiga vender com margens melhores. No fim, o que queremos é vender *mais* e com *menos* desconto. Aqui está a chave!

Existem vários exemplos que posso trazer para ilustrar, como o caso de uma vendedora que trabalhou comigo por um breve tempo quando eu era gerente comercial. Ela tinha o perfil de fazer projetos maravilhosos, desenvolvia soluções incríveis, mas completamente fora da intenção de investimento do cliente. Como gestora, eu tinha o hábito de olhar cada proposta antes da apresentação para chegar aquecida no momento de falar de preço. Quando eu a questionava, ela argumentava: "Mas está maravilhoso!". E eu dizia: "Realmente está, mas por que você acha que o cliente vai pagar o dobro do que ele mencionou?". Ela não conseguia preparar uma proposta dentro da capacidade de investimento do cliente. O projeto sempre ficava lindo, mas distante da verba do cliente, e isso fez com que ela não obtivesse o resultado esperado e fosse desligada da empresa. O cliente sempre saía frustrado, e a venda não se concretizava.

Outro exemplo aconteceu com um vendedor que não percebeu que o mais importante para o seu cliente era o prazo de entrega e que preparou uma proposta com produtos importados que demorariam seis meses para chegar, quando o prazo dos nacionais era de dois meses. O cliente verbalizou várias vezes a urgência, e o vendedor a ignorou, privilegiando a qualidade do importado. Isso não era importante para o cliente, afinal ele tinha pressa. Os dois produtos eram bons, não seria uma pequena diferença que faria com que esse cliente esperasse mais quatro meses. Talvez outro cliente esperasse a partir de outro PEP, mas esse, não.

Desse modo, nosso foco como vendedores deve estar sempre no atendimento adequado do que o cliente quer, do que ele busca, em seus anseios e desejos, em suas angústias e medos. A solução deve contemplar tudo isso para que, ao falar de preço, os desejos não atendidos não apareçam como objeções que podem atrasar ou até inviabilizar a venda no futuro. *Ou seja, o seu objetivo principal nessa etapa é encantar e surpreender o cliente!*

Isso é muito importante. É preciso parar e analisar antes de avançar no processo. Eu não posso querer o caminho mais rápido; eu preciso buscar o caminho mais assertivo, que me levará a resultados extraordinários. Eu preciso montar uma boa estratégia comercial!

HABILIDADES ESSENCIAIS

- **Tenha foco no cliente**: pense com os olhos dele, e não com os seus; deixe de lado os próprios julgamentos.
- **Trabalhe dentro da capacidade de investimento do cliente**: é preciso adequar a proposta à capacidade de investimento do cliente.
- **Leve em consideração os valores emocionais/desejos do cliente**: sem contemplar o PEP na proposta, você nunca fechará a venda.
- **Saiba defender as suas escolhas**: é importante que você prepare previamente os argumentos em que se apoiará na etapa posterior. Saiba defender as suas escolhas e sugestões; mostre que você é autoridade no assunto, que sabe o porquê de cada detalhe da proposta.
- **Tenha sempre uma "carta na manga"**: caso a sua análise prévia não tenha sido a mais assertiva, ou você não tenha conseguido colher todas as informações necessárias, por variados motivos, pense em soluções alternativas para serem apresentadas se alguma objeção aparecer. Antecipe-se!

DICAS PARA O GESTOR

É importante que você crie uma rotina de análise das propostas com os seus vendedores antes da apresentação ao cliente. É preciso fazer isso por três motivos:

- Para estar aquecido; afinal de contas, conhecendo um pouco sobre o cliente é mais fácil acessar seu PEP no momento da negociação.
- Para não usar um argumento que pode destruir a venda. Já vi muitos gestores usarem os argumentos errados por não conhecerem o cliente, e perderem a venda por isso.
- Para usar esse momento como treinamento de sua equipe. Como descrevo em meu livro sobre aprendizagem nos locais de trabalho,[27] parte da aprendizagem realizada no ambiente profissional ocorre de maneira informal ou por *mentoring*, por isso aproveite esse momento para fortalecer o relacionamento com o seu time, criando uma relação de confiança e desenvolvendo as habilidades necessárias para buscar o resultado almejado. Mas atenção: não faça desse momento um espaço de cobrança.

ATIVIDADE

Gostaria que você criasse um roteiro com os principais itens que não podem faltar em sua proposta, ou aquilo que você não pode deixar de pensar a respeito antes de ir a uma reunião ou ter o próximo contato com seu cliente. Leve em consideração as seguintes perguntas:

Como estou atendendo às necessidades técnicas do meu cliente? Desejos, produtos, prazo de entrega e demais necessidades.

---

[27] MARDEGAN, F. **Aprendizagem nos locais de trabalho**: como os consultores comerciais da área de móveis planejados aprenderam suas profissões. [s.l.]: Novas Edições Acadêmicas, 2014.

Essa proposta atende às necessidades financeiras do meu cliente? Preço final e condição de pagamento.

As necessidades emocionais do meu cliente (PEP) estão aqui contempladas? (Sonhos, expectativas, valores decisórios etc.) Como ele poderá perceber isso?

Quais são os diferenciais dessa proposta que encantarão o meu cliente? Aqui você já iniciará a preparação para a etapa posterior, a qual vamos ver a seguir.

Eu estou preparado para as objeções que podem surgir?

7

Passo 4:
Por que o cliente comprará de mim? Despertando o desejo de compra

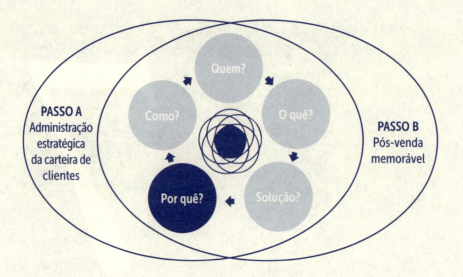

Sei que você cumpriu os três passos anteriores com habilidade, então *chegou a hora de dar um show!* É isso. Gosto de dizer que o momento da apresentação da proposta é o momento de o vendedor bem-preparado mostrar o seu talento. Você está pronto para entregar a melhor solução que ele busca, surpreendendo-o com os argumentos que vão ao encontro de seu PEP e todo o briefing montado. Em resumo, é o momento em que você fará com que o cliente enxergue que você é a pessoa certa para resolver a dor dele da melhor maneira. Mostrará as vantagens que ele vai ter ao comprar de você e de sua empresa, despertando, assim, o *desejo de compra* do cliente. E mesmo que ele ainda não saiba o valor, ele já decidiu isso para si mesmo: "Quero essa solução para mim".

Assim, chegou a hora de falarmos sobre como você pode despertar o desejo de compra do cliente seguindo esta lógica: em primeiro lugar, desperto o desejo. Depois, falo quanto custará!

Nessa etapa, muitos vendedores se perdem e não fecham a venda. Falam do preço antes e depois saem justificando com os porquês. Na verdade, a lógica deveria ser o contrário: primeiro *agrego valor* ao meu produto, *desperto o desejo* do cliente, *reforço* isso e, só depois, mostro o preço.

> **POR QUE O CLIENTE DEVE COMPRAR COM VOCÊ? PORQUE VOCÊ:**
>
> - O encantou e surpreendeu com a proposta;
> - Criou valor;
> - Apresentou benefícios do produto/serviço;
> - O fez perceber as vantagens competitivas da empresa;
> - Usou as informações necessárias para oferecer alternativas;
> - O ajudou na escolha da melhor opção;
> - Despertou o desejo de compra, mostrando como o PEP dele está sendo considerado.

CRIANDO VALOR PARA O CLIENTE

É na apresentação da proposta que você deve deixar claro para o cliente por que ele deve comprar de você. É o momento de agregar valor à sua empresa/produto/serviço. Mas... o que é valor?

Valor é a relação que o cliente faz entre quais benefícios o produto entrega e quanto ele custa. Valor é nossa capacidade de ir além do que ele espera, ou seja, de superar as expectativas. É quando a sua proposta supera as expectativas dele. E, para chegar a esse nível de excelência, sua argumentação deve se basear nos benefícios que o seu produto ou serviço geram ao cliente, e não nas características técnicas. Assim, ele perceberá que vale comprar o produto de sua empresa, isto é, entenderá seus diferenciais e vantagens competitivos.

Até aqui, sem grandes novidades. Na teoria, as pessoas sabem o que é valor; a questão é como gerar valor para o cliente. As pessoas entendem na teoria, mas não sabem fazer isso na prática simplesmente porque usam uma série de argumentos decorados que aprenderam em algum treinamento técnico, mas que não fazem sentido algum para o cliente. Além disso, não relacionam os benefícios às necessidades emocionais do cliente e confundem o que é benefício com as características do produto – em resumo: usam vários argumentos soltos. Percebo nesse aspecto uma grande confusão nas equipes para as quais ministro treinamentos.

Passo 4 **105**

Assim, é importante ter clara essa diferença. Enquanto as *características* são os atributos visíveis do produto (tamanho, peso, formato), os *benefícios* englobam o que o produto vai fazer pelo cliente, o que ele ganha ao comprar aquele produto. *As características mostram, mas são os benefícios que vendem.*

VOCÊ SABE A DIFERENÇA ENTRE CARACTERÍSTICAS E BENEFÍCIOS?

Características: elas compõem o produto. São seus atributos, como:

- Tamanho;
- Formato;
- Peso;
- Cor;
- Modelo;
- Componentes.

As características são mais fáceis de demonstrar, pois estão ligadas à visualização física do produto.

Benefícios: são o alicerce da sua proposta! É exatamente o que o produto fará pelo cliente. É a resposta para as seguintes perguntas:

- O que o cliente ganha em utilizar o produto?
- Qual é a vantagem dele em adquirir o produto?
- Por que escolher esse produto?
- Por que escolher a minha empresa?

Em resumo: características mostram; benefícios vendem.

O problema acontece quando o vendedor usa características como se fossem benefícios ou quando resolve transformar tudo o que enxerga em benefícios. Volto a frisar: um benefício só é benefício se o cliente – e não você – o enxerga como tal. *Nosso foco é o foco do cliente*, então, com um bom trabalho feito na identificação do PEP, você não terá dificuldade em identificar os benefícios que ele enxergará, que o ajudarão a tomar uma decisão

106 Vendas: ciência ou intuição?

de compra favorável a você. *Os benefícios precisam atender aos principais valores dos clientes para que sejam percebidos como tal.*

Vamos ver a importância de escolher os benefícios corretos de acordo com o PEP? Separei um exemplo para isso. É um produto com as mesmas características: um sofá de três lugares assinado por um designer famoso.

CLIENTE 1

Nesse caso, o PEP dele é bem-estar e conforto. Como a argumentação deve ser? Vou evocar nele as vantagens em adquirir o sofá e o quanto essa compra vai ao encontro do que ele busca em termos de bem-estar. Vou falar da qualidade, do conforto e da durabilidade do sofá, pois identifiquei que esses são atributos valorizados por ele. Mostrarei que o tecido do sofá é lavável, pois é algo relevante para o cliente, já que tem um cachorro. Como a família gosta de ver TV na sala, conforto é importante, então vou destacar a estrutura que cumpre os requisitos de ergonomia. Vou convidá-lo a se sentar e experimentar a sensação de aconchego. Vou estimular nele a visão daquele sofá em sua casa, acolhendo familiares e amigos.

CLIENTE 2

Nesse caso, o PEP dele é status, design e elegância. Vou começar falando da sofisticação desse modelo e de como ele é tratado como uma obra de arte pelas revistas de decoração. Vou focar os atributos de status, pois sei que é o que ele busca nessa compra. Vou contar a história do artista que assina o sofá, dos estudos para chegar ao design e dos prêmios que ganhou. Vou ajudá-lo a visualizar o sofá decorando a sua sala, ressaltando a diferença que vai causar no ambiente e o quanto amigos e visitantes serão impactados por aquele móvel. Vou falar sobre como sua casa ganhará em elegância com esse modelo, e quão exclusivo ele é.

Percebe que temos o mesmo sofá? Com as mesmas características? Mas, para cada cliente, eu preparei uma apresentação de proposta diferente usando os benefícios que sei que cada um valoriza. Ao apresentar o produto, projeto ou solução, preciso considerar as questões emocionais que encantam o meu cliente; só assim ele perceberá o benefício que estou apresentando e, com isso, despertará o desejo de compra.

Mesmo que você acredite que existem vendas que são apenas racionais, saiba que essa não é a realidade. Um cliente meu atua no mercado B2B e vende tubulações de PVC para eliminação de resíduos químicos. No caso dele, os decisores da compra querem tranquilidade e confiança na qualidade do produto, pois muitos estão acostumados a utilizar tubulações de aço e ficam inseguros em trocar. Ou buscam agilidade na instalação, característica que se transforma em benefício quando pensamos na agilidade que esse material proporciona. Ou ganho de performance e redução de custos de manutenção. Percebe? É um produto extremamente técnico, mas a argumentação deve ser feita com base em aspectos emocionais, em como o produto trará ganhos aos olhos do cliente. *Ao fim, é isto o que interessa: o que o cliente ganha ao comprar de você!*

TRABALHE AS PERCEPÇÕES SENSORIAIS DE SEU CLIENTE

Somos seres sensoriais, e isso significa que temos a capacidade de perceber estímulos do ambiente por meio de células ou terminações nervosas espalhadas pelo nosso corpo e nos órgãos dos sentidos (olfato, paladar, tato, visão e audição). Essas células sensoriais geram impulsos nervosos que chegam até o cérebro, onde são interpretados. Assim, por meio das percepções sensoriais, nascem as sensações. É quando o cheiro de bolo quentinho saindo do forno se transforma em prazer. Quando a visão de uma casa limpa e arrumada se transforma em paz. Quando o sabor de uma comida traz boas recordações. Quando uma música se transforma em tranquilidade. É assim que nos relacionamos com o mundo à nossa volta.

Assim, na hora de apresentar a proposta de um produto almejado pelo consumidor, precisamos pensar nesse aspecto. Ao apenas mostrar um papel ou uma tela de computador, estamos deixando de lado algo poderoso, capaz de envolver o consumidor e despertar sensações positivas. E, se do outro lado da mesa existe uma pessoa, por que não utilizar as percepções sensoriais a seu favor?

Vejamos uma experiência que vivi ao apresentar um projeto de armários planejados para um cliente que é uma pessoa com deficiência visual.

No primeiro contato, fizemos uma boa conexão, entendi as necessidades dele e o seu PEP, e marquei o retorno à loja alguns dias depois. Nesse intervalo, organizei tudo que coletei na minha fase 2 de coleta das informações. Desenhei o projeto e comecei a pensar na melhor proposta para ele, na melhor abordagem e, também, em todas as objeções que poderiam aparecer nesse nosso segundo encontro. Comecei a traçar a minha estratégia, mas tinha um grande desafio, como você deve imaginar: como apresentar um projeto para uma pessoa com deficiência visual? O recurso visual é muito importante, mas ele não é tudo. Então, decidi que precisava de uma boa estratégia nesse momento.

Depois de dias pensando, tive uma ideia enquanto brincava com a minha afilhada. Imprimi todo o projeto e, com uma cola branca, fui contornando os detalhes, criando um alto relevo para que ele pudesse entender onde ficaria cada coisa. Usei o meu showroom como apoio, e ele ia tocando os objetos para sentir o que ele estava escolhendo e comprando. Juntos, tocamos diferentes puxadores, acabamentos, texturas, extensões e alturas. Tudo o que eu tinha de recursos para permitir que ele fizesse uma imersão no projeto que preparei para ele, eu usei. Pergunto: o que vendi para esse cliente? Além de um projeto afinado aos seus desejos, vendi uma experiência que lhe trouxe segurança para decidir. Ao fim da apresentação, a venda foi concluída. *Lembre-se: pessoas vêm antes de coisas! Venda é relacionamento, é empatia.*

Esse exemplo, apesar de necessário, já que existe uma parte da população que precisa desse apoio, é também um exemplo mais extremo. Mas tenho certeza de que você, ao acrescentar uma abordagem mais sensorial na apresentação de suas propostas, envolverá muito mais o seu cliente. Como disse, *os clientes guardam sensações, e não informações. Eles guardam a forma como fizemos eles se sentirem.*

Em outro momento, recebi um casal com um filhinho de 4 anos. A mãe, coreana, o pai, chinês, e o menino, fruto dessa união. Quando eles chegaram era junho e estávamos servindo pipoca aos clientes. Era um aroma maravilhoso, e eu ofereci ao menino que, muito acanhado e após o consentimento da mãe, pegou um saquinho de pipoca e ficou ao meu lado a reunião toda. Eu mal podia me movimentar, devido à proximidade do garoto. Reunião finalizada, eles voltaram no fim de semana seguinte. Quando o menino me viu, disse: "Mãe, a tia da pipoca!". Rimos muito, dei pipoca para ele novamente, e a reunião foi feita com ele no meu colo. Falamos sobre como os pais se conheceram, sobre o garotinho que praticamente falava duas línguas... Enfim, quase nada sobre o projeto.

Como a conexão foi forte e o briefing perfeito, a venda saiu sem muito esforço. Tudo isso com a ajuda da pipoca! Foi isso que me fez fechar a venda? Claro que não, mas deixou algo na memória deles, trouxe proximidade. Esse casal ficou mais próximo e ainda me indicou para a família toda. Foi fácil agregar valor, pois eu tinha entendido perfeitamente o que eles buscavam, devido à conexão inicial. Consegui entregar o que muitos vendedores nem descobriram.

USE AS PROJEÇÕES MENTAIS A SEU FAVOR

Outro modo de despertar o desejo de compra durante a apresentação de uma proposta e saber se você está no caminho certo é usar a técnica da projeção mental. Mas o que é isso? *Projeções mentais são descrições verbais que levam o cliente a viver a experiência de uso do produto ou serviço antes da compra.* Ou seja, é uma maneira de estimular a mente do seu cliente a se imaginar usando o produto ou serviço.

Esse poderoso mecanismo é usado por muita gente para impulsionar o sucesso na vida pessoal e profissional. De maneira bem simples: ao projetar objetivos, metas e sonhos que se deseja alcançar, nos conectando mentalmente com eles, estamos visualizando a conquista. Esse exercício utiliza os processos da sua mente de maneira consciente para atingir um objetivo específico por meio de visualizações indutivas. Experimente usar consigo mesmo e com os seus clientes. Bons resultados virão!

COMO USAR A PROJEÇÃO MENTAL E A PERCEPÇÃO SENSORIAL DURANTE A APRESENTAÇÃO DA PROPOSTA[27]

- Seja direto: use frases curtas e precisas;
- Coloque o cliente no centro da ação. Exemplo: "Imagine quando o sistema estiver funcionando com os dois setores interligados". Veja como o cliente se sente, que expressão ele esboça;
- Ilustre uma conexão direta com o PEP. Exemplo: "Você disse que quer fazer um investimento para garantir a velhice. Como você se sente com essa rentabilidade e projeção?";
- Seu argumento deve ser fácil de acreditar: "Essa moto lhe trará a segurança e a liberdade que busca. Imagine ir para sua casa de praia em um dia de sol nela". Ou: "Imagine sentir a satisfação de uma tarde de videogame com seu filho nessa sala?";
- Diga como o cliente está se beneficiando com o produto ou serviço. Exemplo: "Esse vestido é a representação do luxo, você será o centro das atenções na festa". Ou: "Isso vai lhe garantir a tranquilidade de uma linha de produção mais ágil e que permite uma melhor qualidade dos produtos, diminuindo, assim, custos e retrabalho";
- Use os cinco sentidos do cliente: ver, ouvir, tocar, sentir e cheirar. Exemplo: "Sinta o aroma desse perfume, ele tem o tom amadeirado de que você disse que gosta e traz memórias da infância". Ou ainda: "Toque nesse tecido, perceba a delicadeza que você sentirá ao se deitar".

APRESENTE AS VANTAGENS COMPETITIVAS DA SUA EMPRESA

Uma pergunta que adoro fazer aos vendedores que treino é: "Por que eu deveria comprar de você e de sua empresa?". É muito curiosa a reação de quase 100% deles. Ficam mudos, não sabem o que me responder. Um bom vendedor precisa saber vender além de produtos; ele precisa saber vender a si próprio e a sua empresa. Quantas pessoas escolhem determinados produtos pela confiança que a empresa representa? Pelos valores que ela tem,

[28] Adaptado de: CARNEGIE, D.; CROM, J. O.; CROM, M. *Op. cit.*

e não pelas características dos produtos? Ou, mesmo, pela relação de confiança gerada entre vendedor e comprador?

Hoje temos muitas pessoas decidindo comprar de empresas pelas suas políticas de sustentabilidade, estrutura, confiabilidade e outros motivos. Muitas vezes, compram primeiro a empresa e depois escolhem o modelo do produto. Isso acontece frequentemente com carros. A pessoa quer o carro da marca X; depois vê os modelos, o que cada um tem de diferencial. É aqui que muitos vendedores pecam. Não sabem defender a empresa, apresentar a vantagem de comprar com eles. E fazem isso por não entenderem o poder que as marcas têm na mente do consumidor, no momento de decisão de compra.

Eu, por exemplo, quando era esportista, só gostava de tênis de determinada marca. Quando, anos depois, fui voluntária em uma associação que resgatava pessoas do trabalho escravo e descobri que essa marca usava esse tipo de mão de obra, nunca mais comprei um tênis dela. Nunca mais! E eu amava os modelos, porém o meu valor pessoal era mais importante do que isso.

Em meus treinamentos, muitas vezes menciono os programas sociais ou ambientais que são apoiados pelas empresas nas quais aqueles vendedores trabalham, e eles se mostram surpresos. Essa informação costuma estar no site da empresa, e os funcionários nem tiveram a curiosidade de olhar. Não conhecem o próprio site, não conhecem a empresa e, por consequência, não divulgam os diferenciais dela. Muitos vendedores e empresas buscam capacitação no conhecimento dos produtos, e não no conhecimento da organização; não compartilham e não divulgam os valores, e isso é lamentável. Não falam das certificações que a empresa possui e de seus diferenciais porque simplesmente não sabem. Deixam de aproveitar muitas oportunidades de fechar negócios. E, com isso, muito dinheiro é perdido.

Por tudo o que disse, defendo que o momento da apresentação da proposta não é destinado a tocar o lado racional do seu cliente, mas, sim, *tocar o coração*. É hora de despertar o desejo pelo produto/serviço, de fortalecer o vínculo em decorrência de valores compartilhados. Preciso falar com a parte do cérebro do cliente que toma a decisão, e não com a parte que racionaliza. A execução desse passo de modo memorável fará com que você consiga sua venda de maneira mais tranquila e sem ter que abrir tantas concessões na hora da negociação, fugindo da guerra de preços.

E, para finalizar, fique atento aos *sinais de compra* que o cliente dá. Observe se ele já está tomando decisões secundárias em função do seu produto. Esse é um grande indício para saber se vamos entrar com firmeza na negociação ou não.

Muitas vezes, o cliente verbaliza coisas como: "Para comprar o produto, terei que remodelar a minha linha de produção e perder um dia de serviço, certo?". Ou: "Para comprar esse tecido, precisarei também dos acabamentos complementares. Podemos ver?". Ou ainda: "Para implantação desse sistema, terei que fazer um upgrade nas máquinas, não é?". Por fim, ainda fala: "Se escolher essa cor de tinta, teremos que ver outra para harmonizar nas janelas, pois muda todo o conceito, não acha?".

São apenas exemplos para ilustrar. A questão aqui é que, quando você não atenta a esses pontos, entra na negociação enfraquecido, principalmente se o cliente for um comprador experiente e usar técnicas que podem intimidar você. Quer ver como isso é real?

Certa vez, experienciei um atendimento engraçado. Meu vendedor atendeu um casal com uma filha e os encantou com o projeto. A conexão dele com a esposa e a filha foi perfeita, inclusive a minha com elas, e por meio da esposa descobri em quais empresas estavam orçando e quais eram os seus valores. Ela abriu o jogo, inclusive falou que o marido era duro para negociar. Na reunião seguinte, com ele, tudo estava bem, mas, ao falarmos de preço, ele se transformou. Eu sabia que a filha e esposa queriam fechar conosco, mas, no momento da negociação, o marido jogou na mesa um valor referente a um terço do meu e perguntou o que eu iria fazer. Eu simplesmente respirei, fechei as pastas, peguei todos os projetos da mesa e ofereci um café. Disse que não faria nada, que não tinha o que fazer.

Nesse momento, o meu vendedor ficou pálido. A cliente começou a brigar com o marido. E, com calma, perguntei: "O senhor quer falar de preço ou condição de pagamento? Quer falar de preço ou qualidade? Pois, se for somente o preço, continuamos amigos, mas não vou nem continuar, pois não tenho muito o que fazer". E foi isso.

Sabe por que tomei essa atitude? Porque sabia que quem decidiria a compra já havia decidido por mim. Sabia que ele estava blefando, pois o valor que ele citou não existia na cotação dos concorrentes. Ele jogou, então joguei também. Assim, caso isso aconteça com você, não caia nesse tipo de armadilha. Não saia dando descontos como se o preço fosse o fator decisório naquele momento. *A venda é decidida antes de se falar de preço. Atenção!*

E, para irmos fortes para uma negociação, precisamos estar seguros com o trabalho até aqui desenvolvido; precisamos já ter despertado o desejo do cliente e já ter observado os sinais de compra. Quer saber o resultado do atendimento? Venda fechada com menos desconto do que eu poderia ter dado! E todos felizes.

HABILIDADES ESSENCIAIS

- **Mostrar ao cliente como ele se beneficia do seu produto/serviço:** é preciso apresentar as características do produto, transformando-as em benefício, dizendo o que o cliente ganha nessa escolha, ligando essa informação sempre ao PEP.
- **Usar a técnica da projeção mental:** fazer isso ajuda a saber se estamos no caminho certo ou não. Além disso, desperta o emocional do seu cliente.
- **Apresentar os diferenciais competitivos da empresa:** conheça e divulgue os valores da sua empresa, inclusive certificações e políticas sociais e ambientais. Passe credibilidade e profissionalismo. Personifique a empresa, conte casos de como a empresa, previamente, já resolveu problemas similares de outros clientes. Mostres os outros departamentos ou apresente pessoas-chave. Sentir esse contato pode ser relevante para o cliente na tomada de decisão. A estrutura pode ser um fator relevante no processo decisório.
- **Ficar atento aos sinais de compra:** verifique quanto o seu cliente está aquecido e pronto para dar o próximo passo, quanto ele está comprometido com você.

DICAS PARA O GESTOR

Trabalhe com a equipe os diferenciais de sua empresa, mostre por que vale a pena vestir a camisa, deixe-os confiantes. Como recompensa, você ganhará o engajamento deles e passará a fechar vendas que antes seriam deixadas na mesa. Faça reuniões sobre o tema e trabalhe com eles a diferença entre benefícios e características. Lembrando que características mostram os atributos; benefícios vendem.

ATIVIDADE

Quero que você responda às perguntas abaixo pensando em vários produtos que você possui ou nos que mais comercializa, e depois debata em grupo, com os pares ou gestores:

Qual é a principal questão que o meu produto/serviço resolve?

_____

_____

_____

_____

Como o meu cliente pode se beneficiar com meu produto/serviço? Olhe para cada característica do produto. Uma dica aqui: pense em várias características e diferentes perfis de clientes. Faça esse exercício, pois ele é um dos mais importantes deste livro.

_____

_____

_____

_____

Passo 4   115

Por que o cliente fecharia comigo, e não com meu concorrente X ou Y?

O que ele espera conquistar com a compra do meu produto/serviço?

Como posso atender, e até superar, as expectativas?

8

Passo 5:
Como o cliente comprará de mim? Concretizando sonhos

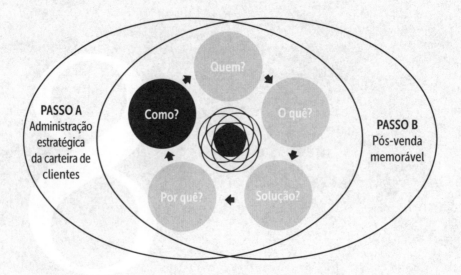

até agora, falamos sobre diversos assuntos e você envolveu o seu cliente e o encantou com a proposta. Ao final da apresentação, ele diz: "Uau, e quanto vai custar tudo isso? Estou até com medo!". E, quando você revela o valor, ele confidencia: "Nossa, achei que ia dar muito mais!".

Essa não é uma reação hipotética. Já vivenciei isso inúmeras vezes e fico feliz quando acontece. A verdade é que, quando uma solução encanta e desperta o desejo, o cliente percebe o valor agregado daquele produto/serviço; ele está tão convencido de que é o melhor negócio, que antes mesmo de ouvir o preço já alimenta, mentalmente, a vontade de comprar.

Sempre comento que tudo isso não serve para manipular, mas, sim, despertar o desejo e entregar o que é melhor. É uma relação ganha-ganha. Quando você desperta o desejo, o cliente passa a querer seu produto, ou seja, ele compra. Você precisará negociar? Claro que sim, mas *o poder estará em suas mãos, e não nas dele.*

Justamente por isso o preço não pode ser dito antes de despertar o desejo. Ao apresentar esse fator, se o cliente não está convencido é porque ele não percebeu a sua solução como a melhor para ele, isto é, o PEP não foi satisfeito. Como resultado, ele vai pedir desconto, vai achar que a solução não vale o que você está cobrando e vai usar objeções para não comprar ou conquistar o maior desconto possível. O que ele quer é pagar barato. Mas, na realidade, o problema não é o preço. Se acontecer isso com você, algo deu *errado* em alguma *etapa anterior*. Ou o cliente não se conectou com a proposta ou com você, ou você não entendeu o PEP, ou o produto não atendeu às expectativas técnicas, financeiras e emocionais. *Tudo está interconectado.*

Uma pessoa com muitas técnicas de negociação e hábil oratória não conseguirá fechar a venda sem antes ter cumprido todas as etapas anteriores, aqui está o segredo. Investir em cursos de oratória ajuda muito, mas, se as chaves não tiverem sido aplicadas na ordem correta, nada adiantará. Dito isso, vamos avançar.

NEGOCIAR É NATURAL

O cliente tomou a decisão de comprar. Mas, para concretizar esse sonho, ainda resta uma etapa: a negociação do valor e das formas de pagamento. É aqui, vendedor, o ponto em que vamos concentrar toda a nossa atenção a partir de agora.

Muitos vendedores se perdem nessa etapa. Ficam com "medo" de negociar com o cliente e acabam focando o preço. Adianto: *preço é um péssimo produto para ser vendido.* Percebo que isso acontece quando o vendedor não confia em seu produto ou sua empresa, ou, ainda, não está seguro de que despertou o desejo de compra do cliente.

Assim, como a ideia é que as etapas anteriores tenham sido cumpridas corretamente, não tenha medo de negociar! Esse processo é natural. *Negociamos tudo e o tempo todo!* Não só profissionalmente, mas na vida pessoal, em assuntos do cotidiano: desde decidir com um amigo para onde viajar nas férias, passando por acordos de ajuste de salário, até questões mais delicadas, como intermediar desentendimentos em família. Estamos sempre negociando com alguém para concretizar os nossos objetivos e conciliar diferenças. *Negociar é natural do ser humano!*

Em vendas, a negociação é muito mais do que um evento pontual, é uma construção que se inicia no passo zero. Lembra-se dele? Falamos no Capítulo 3 sobre a importância de reconhecer seu poder transformador. O seu papel como empresário, gerente ou vendedor é ser o agente que

Passo 5   **119**

ajudará o seu cliente a tomar a melhor decisão e concretizar um sonho. *Seu papel é conduzir o cliente no caminho da melhor escolha.*

Durante a negociação, você não pode se esquecer disso. Alguns vendedores adotam uma postura agressiva e pouco amistosa que termina por afastar o cliente. Tentam vender a qualquer custo, pois nesses casos o mais importante é a meta, e não a solução. O cliente percebe e não aceita. Não faça isso! Todos os participantes da negociação devem se sentir satisfeitos, pois suas necessidades, seus objetivos e resultados foram plenamente atendidos.

PLANEJANDO UMA NEGOCIAÇÃO[29]

Negociar não é apenas conversar e expor argumentos. Para ter êxito, uma negociação precisa de *planejamento* e *preparo prévio*. Usando o que você já conhece sobre seu cliente e o PEP dele, monte uma argumentação baseada em seu perfil e siga as etapas:

PRIMEIRA ETAPA: PLANEJE A NEGOCIAÇÃO

1. *Identifique os pontos de conflitos ou incompatibilidades.*
É importante que você, antes de ir para uma negociação, analise quais pontos de conflito podem surgir. Esses pontos de conflito podem ser um desconto adicional fora de sua margem, um parcelamento maior ou um prazo de entrega fora do padrão. Analisar esses pontos com antecedência permite buscar a solução previamente, pois, muitas vezes, precisamos envolver outras pessoas que, no momento da negociação, talvez estejam incomunicáveis. Você não vai querer adiar o momento do fechamento por causa disso, não é? Ao criar o roteiro para a negociação, tente imaginar as possíveis objeções do seu cliente. Para cada uma, tenha clareza de como solucioná-la ou respondê-la.

2. *Identifique os padrões que servirão como referências para a tomada de decisão.*
Aqui temos todas as informações colhidas ao longo do processo para identificar como o seu cliente tomará a decisão, ou seja, em quais critérios ele

---

[29] Adaptado de MARTINELLI, D.; NIELSEN, F.; MARTINS, T. **Negociação**: conceitos e aplicações práticas. São Paulo: Saraiva, 2010.

se apoiará. Quem decidirá a compra estará na reunião? Quais objetivos do seu cliente você precisa atender? Essas perguntas devem estar respondidas antes da reunião.

3. Entenda o cenário em que a negociação ocorrerá.
Essa negociação ocorrerá na sua empresa ou na empresa do cliente? É importante saber quais recursos você terá disponíveis para usar. Quem estará presente? Você deve levar o gerente ou diretor? Essas reflexões precisam ser feitas em conjunto com o seu gestor para que nenhuma oportunidade seja perdida. Ou, ainda, será necessário levar o engenheiro da empresa para apoiá-lo em questões de natureza muito técnica? Pois algo pode aparecer e atrasar a decisão ou até mesmo causar o não fechamento do contrato. Verifique de quais recursos você precisará!

IMPORTÂNCIA DA COMUNICAÇÃO NO PROCESSO DE NEGOCIAÇÃO

Incontáveis problemas gerados em uma negociação que culminam no não fechamento de um acordo nascem de uma *comunicação falha*. E isso se refere à habilidade de *entender* e *ser entendido*. Tem relação direta com saber escutar e transmitir ideias; essa é a essência de uma boa comunicação. Uma comunicação fluida gera confiança e conforto entre os envolvidos e não dá margem para mal-entendidos, condição fundamental para o fechamento de um negócio.

A BOA COMUNICAÇÃO É A ESSÊNCIA DE UMA BOA NEGOCIAÇÃO
- O que deve ser comunicado?
- Quando deve ser comunicado?
- Como deve ser comunicado?
- Para quem deve se dirigir a comunicação?
- De quem deve vir a comunicação?

O QUE DEVE SER COMUNICADO?
OU POR QUE DEVE SER COMUNICADO?

Nessa etapa, muitos vendedores perdem vendas sem perceber. Ou porque falaram demais, ou porque não falaram algo que seria relevante para o cliente. Essa informação será importante para o processo decisório? Essa é uma questão que precisa ser avaliada. Devo comunicá-la?

QUANDO DEVE SER COMUNICADO?

Existem informações que precisam ser dadas antes do fechamento do contrato para não gerar desconforto futuro. Muitos vendedores, por medo de perder a venda, deixam de passar informações relevantes aos clientes. Ao fazer isso geram, no futuro, problemas para o pós-venda, acabando com a experiência do cliente, tanto com você como com a empresa. Vender uma vez é fácil; o desafio é manter esse cliente sempre comprando. Portanto, não perca o tempo certo de passar ao cliente determinada informação.

COMO DEVE SER COMUNICADO?

Como a informação necessária será dada: por e-mail, telefone, mensagem de texto ou presencialmente? A comunicação depende não só do emissor da mensagem, mas do receptor também. Em relação a essa última variável, o receptor, não temos controle, por isso atenção à emoção que sua comunicação vai evocar nele antes de definir qual é o meio que será utilizado.

Dica importante: *nunca dê uma notícia ruim por mensagem de texto, jamais!* Caso a notícia não seja a que o cliente quer ouvir, ligue e fale com ele. Se necessário, marque uma reunião. Caso o problema tenha sido gerado por você, pense em como pode amenizar a questão e mostre comprometimento ao ouvir e acolher com sinceridade, para juntos encontrarem a melhor solução. Mostre profissionalismo. A relação de confiança com o cliente é seu maior bem, então cuide disso sempre de perto para que um problema não ameace essa relação.

PARA QUEM DEVE SE DIRIGIR A COMUNICAÇÃO?

Em vendas complexas, várias pessoas podem ter um papel importante no processo decisório. Assim, é fundamental saber qual é o assunto que deve ser tratado e com qual pessoa dentro da empresa, ou com qual membro da família. O tempo é escasso, e precisamos respeitar o tempo do nosso cliente.

DE QUEM DEVE VIR A COMUNICAÇÃO?

A comunicação ou informação deve vir de quem? De você, vendedor? Ou do seu gestor? Do jurídico? Essa análise é muito importante, pois já vi contratos serem cancelados devido ao fato de o jurídico não ter tido tato para lidar com uma situação, que facilmente seria contornada pelo vendedor, ou pelo não retorno do financeiro, ou porque algo foi dito por algum terceiro que gerou desconforto. Enfim, atenção a esse item.

Muitas vezes, só os vendedores sabem quanto tempo e dinheiro foi investido na conquista daquele cliente. E, por medo de desagradar o cliente, o vendedor passa para outra pessoa a tarefa de dar uma notícia ruim, fazendo com que o cliente perca a confiança nele e nunca mais volte a comprar. Portanto, vendedor, esteja sempre perto do seu cliente, principalmente no pós-venda ou quando algum problema ocorrer. *Não deixe a satisfação dele na mão de outra pessoa.*

VARIÁVEIS BÁSICAS NO PROCESSO DE NEGOCIAÇÃO

O americano Herb Cohen é conhecido como "o melhor negociador do mundo". Com experiência no setor corporativo e governamental em estratégias de negociação, negociações comerciais e gestão de crises, ajudou a formular políticas de negociação em situações com reféns e de terrorismo. Entre os clientes de sua consultoria, baseada em Illinois (EUA), estão grandes empresas, além do FBI. Para ele, a ciência da negociação se baseia na tríade: informação, tempo e poder.[30] A seguir, proponho uma adaptação dos conceitos para a área comercial.

INFORMAÇÃO

Conhecer o produto vendido, a empresa, o cliente e suas necessidades gera melhores argumentos para entrar com maior confiança em uma negociação.

---

[30] COHEN, H. **Você pode negociar qualquer coisa**: dicas do melhor negociador do mundo. Rio de Janeiro: Record, 1993.

Por isso, ressalto que o Passo 2 – O que o meu cliente busca? é o mais importante dentro do processo comercial, pois, quanto mais informação você tiver, mais na frente do seu concorrente você estará, e mais poder você terá. Além disso, é importante conhecer o mercado no qual você atua profundamente. Conhecer as tendências de consumo e mercado. Enfim, ter um repertório sólido que o ajude a tomar decisões e criar argumentações.

TEMPO

O negociador precisa ter sensibilidade para perceber as reações da pessoa com quem negocia e o contexto no qual a negociação está ocorrendo. Antecipar-se ou não, dar tempo ao cliente ou não, aproveitar uma data especial sazonal – enfim, criar oportunidades de acordo com o timing do cliente e do mercado é fundamental. Você se lembra de quando eu disse que é importante sempre deixar o próximo contato com o cliente agendado? Quem gere o tempo tem mais poder. E, se o cliente não quer deixar nada marcado com você, já é um indício de que ele não está comprometido com a decisão e com você.

Aqui surge uma das perguntas mais frequentes em meus treinamentos: qual é o tempo certo de ligar para o cliente? Sempre digo: depende de cada caso, não há regra. Essa resposta deve ser dada em função de quanto o vendedor conseguiu avançar no processo comercial, de ele já ter despertado o desejo do cliente, de todos os envolvidos se sentirem confortáveis, não havendo mais nenhuma objeção. Com a resposta para essas questões, você saberá qual é o momento certo de avançar ou não.

PODER

Significa agir com convicção. Dominar o assunto tratado para passar segurança gera maior poder de influenciar, de construir alternativas e de agregar valor. Gosto de ressaltar o poder que você deve ter de confiar em si mesmo, bem como em sua empresa e seu produto. Envolve também a sua habilidade de argumentação e de lidar com as objeções que, porventura, podem aparecer. Esteja preparado; planeje antes o momento que, muitas vezes, é a materialização de dias, meses e até anos de trabalho.

QUANDO ENTRAMOS EM UMA NEGOCIAÇÃO, QUANTO MAIS NOS CONHECERMOS, MAIS SEGUROS E CONFIANTES SEREMOS PARA ARGUMENTAR E IR EM BUSCA DO FECHAMENTO.

VENDAS: CIÊNCIA OU INTUIÇÃO?
@MARDEGANTR

HABILIDADES ESSENCIAIS DOS NEGOCIADORES

Eu me defino, e sou definida pelos outros, como uma vendedora assertiva e empática, e com grande habilidade de dizer "não" para os clientes e eles ainda ficarem felizes. Isso significa que sou objetiva em meu atendimento, me concentro em ouvir o cliente, entender o PEP para entregar a solução certeira, aquela que sei que ele busca. Esta é a minha habilidade como vendedora e como negociadora: entender o cliente, encantá-lo e assim despertar seu desejo.

É importante termos essa capacidade de observação de nossa própria postura. Qual é a sua principal característica ao negociar? Como age durante a negociação? Como os outros se sentem ao negociar com você? Você tem equilíbrio emocional para conduzir uma negociação difícil? *Quando entramos em uma negociação, quanto mais nos conhecermos, mais seguros e confiantes seremos para argumentar e ir em busca do fechamento.*

Sempre defendo a importância de preservar relacionamentos saudáveis, pois uma negociação agressiva pode pôr tudo a perder. Lembre-se: a negociação não é um jogo a ser vencido. Se você entra em uma negociação com um comportamento fechado, tratando o cliente como oponente, preciso dizer que não existe mais espaço no mundo em que vivemos, na era da economia emocional, para esse estilo de negociador. Essa postura pode até levar você a fechar uma venda, mas prejudica o relacionamento a longo prazo. Gosto da frase da empresária do setor de varejo de luxo, Katherine Barchetti: "Faça um cliente, não uma venda".[31] Mais vale a fidelização do que uma única venda aleatória.

---

[31] BARCHETTI, K. **Pensador**. Disponível em: https://www.pensador.com/autor/katherine_barchetti/. Acesso em: 26 fev. 2024.

HABILIDADES DOS NEGOCIADORES

Ter autoconhecimento em vendas é fundamental. Como dizia um professor meu, nada é tão bom que não pode ser melhorado. O grande desafio do mundo atual é o olhar das pessoas para si mesmas. É a coragem de olhar para si com amorosidade e perceber quais habilidades eu reconheço que tenho e quais preciso ainda desenvolver. O problema não é ter algo a ser desenvolvido, o problema é não saber que é preciso desenvolver algo. Olhar para nós mesmos e reconhecer que temos algo a desenvolver é 70% do percurso.

Por isso, gostaria de propor um momento de reflexão para que você faça uma breve avaliação de suas habilidades e competências. Você está comigo nesse desafio? Abaixo, listei algumas habilidades para que você marque quais tem e quais deve desenvolver. Marque (D) para oportunidades de desenvolvimento e (T) para registrar que você tem essa habilidade desenvolvida:

- [ ] Tenho consciência de que estamos negociando o tempo todo.
- [ ] Sei interpretar o comportamento humano e as reações das pessoas.
- [ ] Tenho autoconfiança e autoconhecimento.
- [ ] Tenho equilíbrio emocional.
- [ ] Consigo lidar com as minhas emoções.
- [ ] Consigo lidar com as emoções dos outros.
- [ ] Sei lidar com a pressão externa (do cliente ou do meu gestor).
- [ ] Sou firme e cordial.
- [ ] Tenho alta capacidade de influência.
- [ ] Sei a hora de pressionar e de recuar.
- [ ] Sei envolver um terceiro na negociação (suporte externo).
- [ ] Tenho facilidade em me conectar com pessoas.
- [ ] Sei colocar-me no lugar da outra parte.
- [ ] Concentro-me nas ideias principais. Tenho objetividade no equacionamento dos problemas.
- [ ] Sou flexível para encontrar e proporcionar alternativas à outra parte.
- [ ] Apresento propostas concretas.
- [ ] Consigo obter uma proposta do cliente para fechar o pedido.
- [ ] Sei como ganhar tempo para pensar, de maneira estratégica.

Gostaria de propor outra reflexão: um olhar para você em busca de oportunidades de desenvolvimento no que tange às *ações não recomendadas* para os vendedores. Marque (S) de "sim" para as que você tem e (N) de "não" para as que não tem:

- ☐ Mostro insegurança quanto ao valor apresentado de meu produto/serviço.
- ☐ Dou desconto rapidamente.
- ☐ Forneço, com muita facilidade, concessões à outra parte.
- ☐ Comprometo-me com o que não poderá ser cumprido.
- ☐ Vou sozinho a negociações complexas ou demoradas.
- ☐ Mostro ganância.
- ☐ Entro no clima de ansiedade e pressão do cliente.
- ☐ Levo as objeções para o lado pessoal.

TÉCNICAS DE NEGOCIAÇÃO

Imagine a cena: já faz meses que você está atendendo o cliente e o momento decisivo da negociação chegou. A próxima etapa, naturalmente, é formalizar essa venda tão planejada.

Alerto: não é a hora para enrolação nem para empurrar o produto ou serviço a qualquer custo. O fechamento não vai salvar você de interações malconduzidas ou do não cumprimento dos passos anteriores.

Como você construiu um bom relacionamento com o cliente previamente, use todo o seu conhecimento sobre ele para *estruturar sua estratégia de negociação*. O sucesso do fechamento depende disso. Não pense que, ao chamar o seu gerente em um momento difícil, ele salvará a venda.

O fechamento da venda é a última chance para o vendedor transformar resultados e conquistar objetivos. É a oficialização do acordo. Sim, é um passo desafiador; porém, usando técnicas comprovadas, o *sim* está logo ali.

Vale ressaltar, entretanto, que estou trazendo um novo modo de olhar e "pensar vendas". A técnica de fechamento que você vai usar pode ser aquela com a qual você se sentir mais confortável. Dito isso, trago a seguir as minhas técnicas preferidas pelo resultado que tenho.

128 Vendas: ciência ou intuição?

TÉCNICA DA AUTOCONFIANÇA

Ser objetivo, assertivo, transmitir credibilidade e tranquilidade compõem pontos tão importantes, que são considerados uma técnica de venda – e, diga-se de passagem, para lá de efetiva. As chances de o cliente avançar na negociação e decidir pela compra são maiores quando ele sente que o *vendedor domina o assunto e passa segurança*. O estado mental da autoconfiança em si mesmo e no seu trabalho é importante para qualquer vendedor – não à toa eu o coloco como o passo zero da metodologia.

Exemplos: "Podemos seguir assim?"; "Em nome de quem tiraremos o pedido?"; "Dia 25 fica bom para os vencimentos?".

TÉCNICA DA AUTORIDADE LIMITADA

A negociação avançou e está praticamente na etapa final, mas o comprador ainda está argumentando. Você já fez tudo o que podia em termos de condições de pagamento e está de mãos atadas. Nesse momento, precisará recorrer a um superior, pois não tem poder de tomar essa decisão para conseguir o que a outra parte deseja para fechar o negócio.

Essa é a técnica da autoridade limitada. Muitas vezes, o superior nem existe; o intuito é ganhar a simpatia do comprador e se aproximar dele. Ele precisa sentir que você recorreu a toda hierarquia disponível para oferecer o melhor dentro das possibilidades da empresa, que você deu o seu melhor e está do lado dele na busca da solução ideal.

Exemplos: "Falei com minha diretoria e, pela importância de sua conta, acionaremos a matriz e adiantaremos em dez dias sua entrega. Podemos prosseguir assim?"; "Vou chamar o meu gerente para juntos acharmos a melhor solução"; "Estou em contato com a engenharia e entendemos que sua solicitação poderá ser solucionada dessa maneira. Assim atenderemos sua expectativa?".

TÉCNICA DA COMPENSAÇÃO

Essa é uma técnica de que gosto muito e ela diz respeito à habilidade do vendedor de criar alternativas para o cliente quando não temos a possibilidade de atender ao pedido. O consumidor, muitas vezes, precisa sentir que saiu ganhando algo de você. O objetivo é dar alternativas e mostrar que você está buscando o melhor para ele. Todos gostam de se sentir especiais e atendidos em suas necessidades.

Exemplos: "Já que não consigo esse desconto adicional, ajuda se eu lhe der mais duas parcelas?"; "Eu não consigo antecipar o prazo de entrega, mas colocarei três instaladores para agilizar a montagem e ganharmos tempo na instalação, pode ser?".

TÉCNICA DA URGÊNCIA

Gerar o sentimento de urgência no cliente é uma técnica para acelerar as negociações. Ressalto que não se trata de enganar o cliente, mas, sim, de agilizar o processo comercial. Dizer que um produto está acabando ou que a oferta é limitada até certo horário sem que isso seja verdade pode manchar a sua imagem, e clientes experientes não caem nessa técnica. O marketing digital adora fazer isso, mas, em vendas transacionais, cuidado.

Em casos de venda de produtos por encomenda, pode-se fazer uma contagem reversa. Exemplo: "O senhor me disse que precisa do produto para dezembro. Assim, se não fecharmos hoje ou até o fim da semana (deixe claro o prazo de produção e o quanto você se importa com a expectativa dele), considerando o tempo de conferência no local e produção, não será possível a entrega na data esperada. O que o senhor acha de já definirmos, para não sair do seu cronograma?".

Aqui está o ponto: *a urgência é sempre em relação ao cliente, não a nós.* Estamos "pressionando" pelo bem dele, e não do nosso. Quando o discurso é sobre nós, não se torna uma técnica eficaz.

Nas vendas de ciclos mais longos, com valores mais altos e mais decisores no processo, a lógica do senso de urgência é um pouco diferente. É muito difícil uma compra por impulso. Nesse caso, *a compra pode ser estimulada ao se evidenciar as consequências e implicações de não mudar uma realidade na empresa.* São elas: a falta de investimento em determinada área que pode levar à defasagem em inovação, a falta de competitividade da empresa que não se atualiza ou, ainda, a demora para conquistar uma certificação necessária para o atendimento dos clientes. *É importante mostrar o que o cliente perde se não efetuar a compra de seu produto ou serviço naquele momento.*

130 Vendas: ciência ou intuição?

Essas são as principais técnicas, mas não fique preso a elas apenas. O importante é que você entenda a necessidade de realizar os passos na ordem para construir a negociação desde o primeiro momento da venda. Este livro trata do desenvolvimento de uma estratégia comercial eficaz, do entendimento de que vendas é um processo que precisa ser respeitado; esse é o entendimento principal. Para as técnicas de negociação, você tem à disposição no mercado inúmeros livros que poderão apoiá-lo, mas o que quero ressaltar é que nem a melhor técnica de vendas salvará um ciclo não realizado. Pense nisso!

FATORES AMBIENTAIS

Aqui, gostaria de deixar somente um lembrete. Além dos fatores internos e emocionais na tomada de decisão, o PEP, existem fatores externos aos clientes que devem ser pontos de atenção do vendedor. Portanto, fique atento a situações legais, ou normas que podem impactar a tomada de decisões, como certificações exigidas pelas empresas, fatores culturais, ou seja, tudo que pode de alguma maneira influenciar o fechamento do contrato.

FOLLOW-UP: AÇÃO QUE LEVARÁ AO FECHAMENTO DA VENDA

O cliente não fechou. E agora? *Follow-up* é o ato de acompanhar o cliente ao longo de todo o ciclo de venda de modo certeiro e chegar à etapa da negociação fortalecido. É o ato de manter-se conectado com o cliente, de não perder o relacionamento e não cair no esquecimento. Portanto, você faz *follow-up* de maneira assertiva e planejada? Ele faz parte de suas atividades principais, ou você faz apenas quando tem tempo?

A Luana é uma vendedora conhecida por ser boa ouvinte, criar relações saudáveis com os clientes, se conectar com eles, mas não tem bons índices de fechamento. Ao dar treinamento para ela, entendi onde estava o problema: ela consistentemente perdia o *timing da venda*. Deixava o domínio da relação comercial na mão do cliente. Ela justificava: "Eu não sei quando ligar para o cliente!".

Passo 5 **131**

O *follow-up* é uma etapa tão importante que não pode ser deixada na mão do consumidor. Construir relacionamento é também acompanhar o cliente durante todo o processo de venda, fornecendo respostas para as dúvidas de maneira imediata, entrando em contato para reforçar as vantagens das soluções da empresa e mantendo esse contato ativo. Isso também mostra a ele que, uma vez que o acordo seja fechado, o vendedor continuará próximo e atento às suas questões.

O cliente precisa ser conduzido no processo do *follow-up*, e não ser o condutor. Ao conduzir o processo de maneira empática e estratégica, o vendedor coloca o cliente dentro da experiência. Manter o cliente sempre próximo, finalizar um encontro deixando o próximo agendado e ter noção da urgência do cliente darão *domínio do timing da venda ao vendedor*.

Um erro bastante comum que presencio em meus treinamentos refere-se aos padrões rígidos do tempo de retorno ao cliente após a apresentação do orçamento. Muitas empresas determinam que os vendedores têm três dias ou uma semana para ligar após a entrega do orçamento, e muitos me perguntam qual é o tempo ideal. Eu sempre respondo: depende! *Depende do que você combinou com o cliente e de como está o momento de compra*. Três dias pode ser pouco, mas pode ser muito, tudo depende. Por isso, reforcei a importância de sempre ter o próximo contato agendado com o cliente. Uma vez que o contato foi combinado entre ambos, cliente e vendedor, este último nunca será inconveniente.

Para ilustrar, uma venda pode demorar de seis meses a um ano para ser efetivada. Assim, é o *follow-up* que manterá o vendedor conectado e seguro do momento certo para entrar em contato com o cliente. Essa habilidade sempre foi uma das minhas maiores "armas" dentro do processo de negociação e atendimento ao cliente.

As empresas podem usar o apoio de ferramentas tecnológicas de CRM para manter o histórico de interações com os clientes atualizado. Como são muitos clientes, estará registrado o que foi acordado, o que foi prometido, solicitações e objeções e como ele reagiu a cada etapa da venda. É importante criar tarefas com data de retorno e pedir feedbacks em relação à proposta apresentada. Assim, é mais fácil prosseguir com um atendimento que leve ao fechamento.

132 Vendas: ciência ou intuição?

É importante que você se mantenha conectado. Muitos dos problemas ocorrem porque os vendedores se desconectam de seus clientes, e isso faz com que a retomada do contato seja mais difícil de ser conquistada: o relacionamento esfria e a possibilidade de venda diminui.

Por fim, deixe sempre o seu próximo contato agendado com o cliente; mantenha uma planilha ou CRM atualizados com previsão de fechamento e data de retorno do contato para que você possa ir avançando com ele na negociação e no fechamento.

PERFIS DE PESSOAS

Não acredito em tipologias que colocam as pessoas em "caixas", determinando o que elas são e como pensam e decidem. Acho muito frágil, uma vez que o ser humano é muito complexo para isso. São muitos os fatores que interferem em sua maneira de olhar o mundo e decidir sobre algo. Até mesmo pela diversidade de culturas.

O fato, contudo, é que existem várias linhas que gostam de classificar o cliente, e o que vejo em meus treinamentos são vendedores mais preocupados em classificá-lo do que de fato em entendê-lo profundamente nas necessidades, nos desejos e sonhos dele. São hábeis em saber se o cliente é visual ou auditivo, por exemplo, mas não sabem como usar esse conhecimento para fechar a venda, não sabem interpretar as emoções dele. São grandes identificadores de perfis, mas não grandes vendedores.

Mas muitas dessas tipologias ajudam, sim. Tudo que se refere ao conhecimento do ser humano ajuda, mas nem sempre pode ser a base para a tomada de decisão na formatação de uma estratégia de negociação. *A base deve ser o conjunto de informações que você colheu do seu cliente, e não somente uma identificação de perfil.*

Eu poderia citar algumas dessas tipologias aqui, mas para mim o mais importante é que você estude as pessoas e como elas agem e decidem, e não fique preso em classificações. *Será o entendimento profundo das pessoas que levará você a conquistar o sucesso que merece viver*, independentemente da tipologia utilizada. Então, *não coloque as pessoas em caixas; tire-as de lá. Pense fora da caixa e olhe para onde ninguém está olhando. Seja cirúrgico em sua análise e você atingirá as metas!*

Passo 5   **133**

VOCÊ FECHOU A VENDA, AGORA É HORA DE COMEMORAR!

Sempre que realizar uma venda, é importante que comemore e dedique um tempo *para explicar ao seu cliente os próximos passos*. Essa atividade simples gera segurança no processo e aumenta a confiança do cliente em você e em sua empresa. Já a falta de informação pode gerar um pós-venda falho.

Ou seja, não adianta encantar o cliente na venda se todo o processo não ocorrer da melhor maneira. E você, como vendedor, *é responsável por eliminar os pontos de atrito que podem surgir pela falta de comunicação*. Isso é facilmente corrigido se, no momento da venda, entregarmos os contatos das pessoas que conduzirão cada etapa após o fechamento e, se possível, apresentá-las pessoalmente, inclusive – dependendo do produto que você vende e do suporte que será oferecido.

Vender não se trata somente de fechar um contrato, mas de *diminuir atritos e criar uma excelente experiência* na jornada! *Trata-se de criar vínculos de confiança!*

HABILIDADES ESSENCIAIS

- **Buscar o fechamento usando as técnicas apresentadas (autoconfiança, autoridade limitada, compensação, urgência)**: como disse, não me importo com a técnica que será utilizada; você tem pleno discernimento para entender qual é a mais efetiva. O ponto aqui é: não negocie, não comece a falar de preço se não despertou o desejo de compra. Cumpra o ciclo da metodologia.
- **Detalhar todos os próximos passos da venda**: você fechou a venda, então é hora de comemorar e deixar claro os próximos passos para que as expectativas do cliente não sejam frustradas e para que não haja problemas no pós-venda.
- **Deixar o próximo contato agendado**: não perca a conexão com o cliente. Você é quem deve conduzir o processo comercial, por isso lembre-se sempre de deixar o próximo contato agendado.
- **Realizar o *follow-up***: não adianta combinar o próximo passo se no dia do contato você se esquecer de fazê-lo. Você combinou com o cliente e ele esperará o contato. Lembre-se disso! Você pode quebrar a relação de confiança por não ter cumprido algum combinado.

DICAS PARA O GESTOR

Esteja junto com a equipe. Faça reuniões semanais para avaliar o andamento dos atendimentos. Crie oportunidades, ajudando os vendedores a desenharem a melhor estratégia. Faça-os enxergar o que eles não estão vendo. Acompanhe as datas de *follow-up*.

Você é responsável pelo resultado do departamento, e ter a equipe ao seu lado na conquista desses objetivos é fundamental. Mostre os porquês das etapas, e não simplesmente informe processos. Saiba que muitas vezes as pessoas não executam o que precisam porque não sabem ou porque não faz sentido para elas. E, quanto mais capacitado for um vendedor, mais cuidado com essa etapa você precisará ter, mostrando o sentido e impacto de cada momento do processo comercial.

Sugiro que tente, após cada atendimento dependendo do segmento de atuação, tenha um momento de avaliação da atuação do seu vendedor junto ao cliente. Um momento para analisarem juntos a performance. Verifiquem se todos os passos da metodologia foram cumpridos, em quais eles têm mais dificuldade e precisam de suporte. Gere um ambiente de aprendizado e desenvolvimento. Use as atividades e os resumos de cada etapa para apoiar você nesse processo.

Por fim, crie um ambiente de aprendizagem. Áreas comerciais tendem a ser competitivas, mas ter reuniões para discutir os aspectos de atendimento que constam neste livro pode ajudar você a criar uma unidade de excelência no atendimento em todo o grupo, bem como a oportunidade de troca entre eles. Isso com certeza diminuirá o tempo para que você conquiste o resultado que sempre sonhou como gestor. Equipe unida e que supera metas.

ATIVIDADE

Gestor ou vendedor, consulte os testes realizados neste capítulo (páginas 127 e 128) e escreva a seguir um plano de ação simples de como você pode desenvolver cada oportunidade identificada em suas respostas prévias.

Habilidade a ser desenvolvida	Como potencializá-la

9

Apêndice:
Como contornar as objeções do cliente?
Se conseguir transformar "não" em "sim", você fez a venda

Escolhi dedicar um capítulo inteiro à habilidade fundamental de ser capaz de *contornar as objeções do cliente* porque ela é necessária e útil não só para performar nos passos que vimos até agora, mas também para performar na vida e nos relacionamentos interpessoais.

As objeções são dúvidas, preocupações ou resistências que os clientes apresentam em relação ao produto ou serviço que você está oferecendo, e quanto *mais cedo* você descobri-las, melhor. Quando elas aparecem somente no momento da negociação, podem representar um grande dificultador do fechamento do contrato. É imperativo estar preparado para as objeções do cliente no momento da compra, não é mesmo? Por isso, sempre digo: é fundamental que os vendedores tenham *uma visão estratégica* para vender e não dependam do improviso para convencer os seus clientes. *Precisamos ser profissionais de venda.* Em todas as etapas.

Ser vendedor de alta performance é uma atividade para profissional, e não para amador. Se você está lendo este livro, é porque quer ter sucesso em umas das profissões mais bem-remuneradas, então precisa estar preparado. Em todos esses anos de treinamento e capacitação desses profissionais, ouvi inúmeros relatos de situações vivenciadas por eles que me comprovaram como é importante a *preparação prévia* para enfrentar os obstáculos e avançar no processo comercial.

O grande erro de alguns vendedores é cair na cilada de ignorar uma objeção trazida pelo cliente por não a considerar relevante, ou por não saber como responder ou solucioná-la. Deixam-na passar sem dar a devida atenção. Por isso, segue uma dica de ouro: *nunca ignore uma objeção* – esse é um dos pontos cruciais da sua venda.

As objeções precisam ser vistas como grandes aliadas no processo comercial, e não como inimigas. Muitos vendedores tendem a ficar irritados com clientes com um perfil mais questionador, mas eu sempre digo que esses são os melhores. Por duas razões. Em primeiro lugar: se estão questionando é porque estão interessados; em segundo: como questionam muito, têm clareza do que estão comprando e dificilmente haverá mal-entendidos no processo de pós-venda.

Desse modo, separei algumas objeções mais comuns para que você entenda como elas funcionam e como contornar o cenário.

PREÇO

Essa é a objeção mais comum que ouço em meus treinamentos. A famosa frase: "Está caro, vi preços melhores". O que você pode fazer nessa situação? A tendência dos vendedores é sair justificando as características e os benefícios de seus produtos novamente para tentar agregar valor, atividade que deveria já ter sido realizada antes de falar de preço – sem contar que esse comportamento mostra desespero.

O que devemos fazer aqui é trazer fatos que levem o cliente a perceber que a comparação muitas vezes não é pertinente. O problema é que diversos vendedores não sabem nem com quem estão concorrendo. Então, nesse momento, é importante manter a calma e perguntar ao seu cliente: "O senhor está comparando nosso produto/serviço com o oferecido por qual empresa?". Preciso fazer o cliente pensar no que ele está dizendo. Ou utilizar perguntas como: "Caro em relação a quê? E as condições de pagamento?".

É importante saber que não adianta ficar falando de produto nesse momento; deve-se, sim, focar a verdadeira objeção que está impedindo o cliente de tomar uma decisão por você e seu produto. Muitos clientes apresentam o preço como a principal objeção, mas na verdade há algo escondido, que você ainda não descobriu.

Quando era gerente e fazia pesquisa com os clientes perdidos, muitas vezes o vendedor me dava o preço como motivo do não fechamento, mas, ao ligar para o cliente, ele verbalizava outras questões que nem sempre tinham relação com isso. Por esse motivo, é importante que o vendedor tenha clareza de que preço é a desculpa mais fácil para o cliente, entretanto nem sempre a verdadeira. A verdade pode estar por trás de um mau atendimento, de uma solicitação não atendida, alguma característica do produto que não agradou, enfim, outra razão não verbalizada. Minha experiência e análise de milhares de atendimentos mostram que *menos de 10%* dos atendimentos perdidos têm o *preço* como a questão principal.

PRESSA

Muitos clientes ficam impacientes no momento da compra. Não têm o foco necessário para escutar o vendedor ou o tempo adequado para conhecer melhor o produto. Uma característica que todo profissional de vendas deve ter é saber lidar e reconhecer o timing de fechamento do cliente. Caso ele queira ir embora rapidamente, faça a venda no tempo dele. Querer manter um cliente apressado durante mais tempo na sua loja ou em uma longa reunião não é um bom negócio. É bem provável que ele se irrite e desista da compra.

Não corra esse risco. Deixe alguma informação pendente para que possam conversar em outro momento mais oportuno, principalmente se for uma venda de alto valor. E seja claro: "Senhor, o que acha de marcarmos em outro momento? Uma decisão tão importante merece mais atenção. Vejo que está corrido! Vamos remarcar?". Como sempre digo: muitas vezes, é melhor adiar do que perder.

INFLUÊNCIAS DE OUTRAS PESSOAS

Outra objeção que podemos encontrar é a maneira como as pessoas que estão acompanhando o cliente influenciam seu processo de decisão de compra. Digamos que você vende produtos para o público masculino e, em determinada ocasião, o seu cliente vai acompanhado da esposa, que exercerá influência. O que fazer? Nesse caso, a venda deixa de ser para um e passa a ser para ambos.

Fique atento: seja qual for o processo comercial, se o cliente trouxe alguém para a reunião é porque a opinião dessa pessoa é importante. Quanto mais rápido você trouxer esse terceiro para o seu lado, melhor. Nunca ignore o acompanhante e lembre-se: para que a venda se realize, o PEP de todas as pessoas envolvidas na decisão precisa ser atendido. Isso vale para tudo, seja uma venda B2C, seja uma B2B.

Outro exemplo: se o diretor de uma empresa trouxe o engenheiro para a reunião, é importante que você se aproxime dele também, pois essa opinião certamente influenciará o diretor. Dentro de um processo comercial, principalmente no B2B, quanto mais aliados você tiver, melhor.

PRODUTO

Conheça profundamente os seus produtos e serviços, mas, para além disso, conheça os produtos e serviços do seu concorrente. É importante que você saiba identificar se o seu cliente está jogando ou não. Se não souber, como você poderá argumentar sobre os seus diferenciais em relação à concorrência? O cliente blefa e você não pode entrar no jogo dele. Por isso, quanto mais repertório você tiver, maior o seu poder de argumentação. Como resultado, terá também mais habilidade de lidar com objeções.

POR QUE AS OBJEÇÕES OCORREM?

- **Porque há dúvidas ou perguntas não respondidas na mente de seu cliente.** Simples assim. Há questões, muitas vezes não verbalizadas, que o cliente ainda não sentiu que estão plenamente satisfeitas, e seu objetivo é descobri-las o quanto antes para respondê-las e saná-las.
- **Porque você não captou a necessidade do cliente.** Isso mesmo, você pode não ter entendido a real necessidade do cliente sobre algum ponto específico, que pode ser entrega, produto, pagamento etc.
- **Porque você não estabeleceu vínculo com o cliente.** Dificilmente compramos algo de alguém com quem não nos sentimos conectados, principalmente em vendas de alto valor. É pouco provável o cliente abrir para você questões importantes se não houver o estabelecimento de uma conexão verdadeira.
- **Porque você não criou uma relação de confiança.** Aqui, deixo uma pergunta para ser respondida com sinceridade: você compraria algo de alguém em quem não confia?
- **Porque você não trabalhou o PEP de seu cliente.** Agora você já sabe! *Todas as vendas passam pelo ponto emocional principal.* Caso o cliente perceba que suas questões emocionais principais não estão sendo atendidas, mesmo que de modo inconsciente, ele não se sentirá seguro para tomar uma decisão. Faça uma reflexão em seus atendimentos e conseguirá enxergar essa minha afirmação.
- **Porque você não encantou o cliente.** Sua solução ou apresentação não causou impacto nenhum no cliente e não despertou o desejo dele por seu produto ou pela sua solução. Você não conseguiu gerar valor em relação ao seu produto ou à sua empresa, sob a perspectiva do seu cliente.

OBJEÇÃO: A GRANDE ALIADA PARA DESPERTAR O DESEJO

Quando trabalhava como vendedora em uma loja de móveis, vivi uma situação que funciona perfeitamente bem para ilustrar essa habilidade de superar objeções. Atendi um casal de senhores que iam até a loja, gostavam do projeto, mas, quando chegava a hora de fechar a compra, a esposa pedia que o marido esperasse. Essa situação aconteceu algumas vezes. Questionava-me sobre as objeções para o não fechamento, mas não me convencia de nenhuma.

Esse casal morou na mesma casa desde que se casaram há mais de quarenta anos. Era uma casa grande, e ali criaram a própria família. Agora, estavam de mudança para um apartamento no mesmo prédio da filha e do neto recém-nascido. Os armários eram para o novo apartamento. O marido sempre dizia: "Me ajuda, Flavia, quero me mudar, mas a minha esposa está relutante". Ela tinha gostado do projeto e do produto, mas não o deixava fechar a compra e eu não entendia por quê.

Um dia, liguei para ele e perguntei a razão para não fecharem a compra de um projeto do qual claramente tinham gostado, e fui bem objetiva. A resposta dele foi: "Não sei, acho que ela está com medo, mas não sei do quê". Fiquei pensando nisso e levantei a hipótese de ela estar com medo de suas coisas não se acomodarem perfeitamente no novo espaço, pois não fazia sentido uma mãe e avó tão amorosa não querer morar perto da filha e do neto.

Por isso, sempre falo que entender de pessoas é fundamental. Ter empatia é fundamental. Nesse momento, tive um insight: lembrei-me de quando era criança e meu pai faleceu. Minha mãe quis se mudar para um apartamento conosco e tinha medo de não conseguir acomodar tudo. Lembrei-me de sua aflição. Morávamos em uma grande casa e foi desafiador para ela. Nesse momento, falei para mim mesma: só pode ser isso!

Liguei para a esposa e perguntei diretamente se ela estava com medo de suas coisas não se acomodarem no novo espaço. Sua resposta foi um claro e sonoro: "Sim!". Percebi como ter verbalizado isso a deixou aliviada, então contei sobre a minha experiência vivida e disse: "Vamos acabar com esse sofrimento? O que a senhora acha de eu ir até a sua casa atual, medir tudo o que vocês possuem e compatibilizarmos com o apartamento novo, que por sinal é enorme?". Ela me respondeu: "Você faria isso por mim?". Claro que sim!

Aqui, farei uma pausa: muitos vendedores, por medo de serem invasivos, parariam aqui e perderiam a venda, mas, como falamos anteriormente, qual é o papel do vendedor? *Ajudar o cliente. Esse é o objetivo e temos que ter sempre isso em mente!* A questão não eram os armários, o projeto ou o custo, era uma pessoa que tinha uma angústia que precisava ser sanada.

Marcamos o nosso encontro e, durante a medição dos ambientes e armários, ela chegou à conclusão de que o apartamento também era espaçoso. Nele, eles teriam até mais armários. Ela ficou desarmada em relação à sua principal objeção. À noite, eles foram à loja e fechamos a venda. Não somente fechei o negócio como levei tranquilidade àquele casal; resolvi um grande impasse. Este foi o diferencial: o meu cuidado com a pessoa, o meu olhar empático para entender o que estava impedindo o fechamento, e isso me colocou na frente de todos os meus concorrentes, pois dinheiro não era problema para aquele casal, essa nunca foi a questão.

Entendi que, na verdade, eles – majoritariamente a esposa – sentiam o medo da mudança. Esse medo, porém, era tão inconsciente, que eles nem conseguiam expressá-lo, e o mascaravam com outro argumento que parecia mais "palpável". Dessa maneira, cheguei à verdadeira objeção, que era o medo de sair da casa onde moraram por quarenta anos para encarar uma nova vida em um apartamento. Com muito jeito, fui mostrando para ela que o apartamento era até mais espaçoso, e como seria maravilhosa essa nova fase perto da filha e do neto.

O que esse exemplo mostra? Mostra que, *ao colocar a pessoa antes de todo o resto, abrimos uma possibilidade de olhar a objeção por outra ótica.* Ao estar atento ao PEP do cliente, você compreenderá a objeção pelo ponto de vista dele, vendo o que está realmente por trás do que ele está expressando em palavras ou não. Passará a entender o que ele está sentindo, e não somente o que está verbalizando. Ao *acolher a objeção*, abre-se espaço para um fechamento mais assertivo. Validar os sentimentos do cliente cria um ambiente de confiança, mostra que você está disposto a considerar as preocupações e respeitar as opiniões. A validação das objeções estabelece uma base sólida para a resolução do problema. Veja no quadro a seguir como lidar com as objeções da melhor maneira.

OUÇA:	QUESTIONE:	MOSTRE EMPATIA:	RESPONDA:	AVALIE:
Ouça atentamente o que o cliente está verbalizando e mostre interesse genuíno. Isso gera mais abertura, principalmente se a pessoa estiver nervosa com a questão.	Pergunte as razões da objeção, o que você não está enxergando. Procure entender o que o cliente está informando.	Sinta empatia e diga que entende e compreende a questão trazida.	Desenvolva uma solução adequada para o cliente. Mostre alternativas para a questão que ele está trazendo.	Verifique se a solução apresentada é satisfatória ou se é preciso buscar uma alternativa. Mostre quanto ele é importante para você!

Agora, gostaria de fazer uma pergunta: por que é importante enxergar o que está por trás do que o cliente diz? Como vimos, muitas vezes nem ele sabe identificar a objeção, pois é *algo submerso em seu inconsciente. O grande problema surge quando não somos capazes de encontrar a verdadeira objeção.* No entanto, para conseguirmos responder às objeções, é preciso entender por que elas ocorrem.

ORIGEM DA OBJEÇÃO

É imperativo entender de onde as objeções surgem para que possamos encontrar o caminho da solução. Veja a seguir algumas razões:

- **Você não tem o conhecimento técnico necessário**: e assim não estará apto para entender o que o cliente está trazendo. Conhecer seu próprio produto e mercado é de extrema importância.
- **Você não tem argumentos**: a falta de repertório é um grande inimigo do vendedor, por isso busque aperfeiçoamento constante, estude o produto, a concorrência, o mercado e as pessoas.
- **Você não tem confiança em seu produto ou empresa**: isso o impede de enxergar o que de fato você poderá fazer pelo cliente.

144 Vendas: ciência ou intuição?

- **Você não tem autoconfiança**: não confiar em sua capacidade de entregar o melhor para o cliente é um dos grandes motivos para os vendedores perderem a venda ao ignorarem a própria habilidade de lidar com as objeções.
- **Sua apresentação foi falha**: você não se preparou ou não trabalhou bem os passos anteriores, bem como não realizou a apresentação de benefícios de maneira que gerasse o desejo de compra por parte do cliente.

Nas vendas B2B, o leque de motivos para uma objeção pode ser bem amplo. Com frequência, a autorização para a compra de um produto ou serviço pode definir a existência de uma promoção, por exemplo. Questões políticas internas, como a compra de maquinário que trará agilidade à produção, também, assim como uma solução tecnológica que colocará a empresa em outro patamar. Tudo isso precisa ser assertivo. Uma compra errada pode fazer o decisor perder o emprego, inclusive.

Assim, o vendedor precisa ter empatia para entender a engrenagem mental que move a decisão de compra do CPF por trás do CNPJ; afinal de contas, trata-se de *uma pessoa lidando com outra pessoa.*

Justamente por isso, todos os passos que vimos até aqui funcionam para as vendas B2C e B2B. São pessoas lidando com pessoas. Esse comprador B2B precisa de segurança para comprar, e precisa ter seu PEP compreendido. O problema acontece quando o vendedor foca só o quesito técnico produto/solução; ele se esquece da pessoa que está tomando a decisão e de que, muitas vezes, ela não tem o domínio sobre o produto que está comprando. O vendedor acha que vai perder a venda por causa do preço – que é o que está visível na superfície –, mas vai perder mesmo pela objeção não falada, pela necessidade não atendida. *Chega de perder venda para "o que está por trás"!*

Encare as *objeções como oportunidades*, aprimore as estratégias e estabeleça uma conexão mais forte com o cliente. Ao ouvir atentamente, comunicar-se de maneira eficaz e oferecer soluções personalizadas, você estará no caminho certo para transformar desafios em oportunidades de vendas bem-sucedidas.

É garantido! Lidar com as objeções do cliente é uma *habilidade que melhora com a prática*. Quanto mais experiência adquirir, mais preparado estará para contorná-las e aumentar as suas chances de sucesso nas vendas. Para isso, aguce a sua percepção, invista mais tempo nessa conexão com o cliente para chegar ao cerne e não deixe nada atrapalhar o fechamento. *Não tenha medo de perguntar; ninguém resiste a quem quer entregar um bom atendimento e está genuinamente interessado em apresentar a melhor opção.* Questione, entenda, ouça e perceba tudo que envolve aquela decisão. Com isso, você entregará resultados extraordinários.

ATIVIDADE

Para ajudar a aprimorar a habilidade de lidar com objeções, sugiro que você faça a atividade individualmente ou com a sua equipe. Liste as principais objeções que enfrenta no dia a dia e como poderia respondê-las da melhor maneira. Caso não tenha certeza, busque informação no mercado ou com algum colega ou superior. Este exercício é fundamental para deixar você mais bem-preparado para o atendimento. *Lembre-se: nunca gagueje na frente do seu cliente!*

Liste as principais objeções	Como você pode respondê-las e saná-las?

10

Passo A:
Como posso criar uma carteira de clientes com resultados consistentes? Administrando um ciclo de vendas sustentável

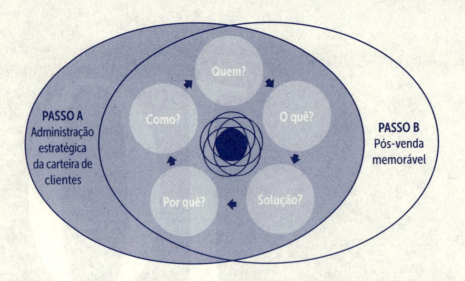

| nformação só é poder se for utilizada de maneira correta. Concorda?
Pense no seguinte cenário: a cada interação, Pedro, vendedor de uma loja de instrumentos musicais, acrescenta um nome à sua carteira de clientes, de modo que os tem divididos em categorias: clientes ativos, inativos e aqueles que interagem de modo espaçado. Para cada grupo, estabelece um *atendimento personalizado*, antevendo as necessidades. Uns precisam de mais estímulo para consumir, outros menos. O importante é que, com todos, consegue manter um *relacionamento comercial periódico*. E ele não construiu essa carteira só com os clientes que entraram na loja. Pedro frequenta eventos e feiras no setor, locais em que aumenta o networking e cria novos relacionamentos. Em suas redes sociais, compartilha conteúdos relevantes sobre música que agradam os seus clientes em potencial.

Em uma década, imagine só a quantidade de informação valiosa que Pedro reuniu em suas interações. Essa informação poderia ter se perdido ao longo do tempo, mas ele soube aproveitá-la da melhor maneira: montando uma carteira de clientes para apoiá-lo na conquista de seus resultados. Ele domina qual é a recorrência de cada cliente em sua carteira e quais produtos consomem.

Rosana, sua gerente, valoriza esse diferencial de Pedro e passou a esperar que os demais vendedores também administrassem as próprias carteiras com o mesmo afinco. Ela conseguiu que a rede de lojas investisse em uma ferramenta tecnológica para apoiar a construção e administração da carteira dos consumidores e, depois que passou a dar atenção ao assunto, percebeu que precisava investir menos em ações de obtenção de novos clientes. Percebeu, também, que *a taxa de conversão aumentou e a qualidade do atendimento e do serviço prestado melhorou*. Hoje, Rosana dedica uma parte de seu trabalho a analisar, com os vendedores, a carteira de clientes de cada um, ajudando-os a pensar em estratégias para a construção do relacionamento.

O que essa loja está fazendo? Está transformando *dados* em *informação*, e as *informações* em *inteligência* e, com isso, *conquistando resultados incríveis*. Ao administrar uma carteira de clientes *forte* e *atualizada*, está construindo a base para um *resultado constante*, mais protegido contra sazonalidades ou baixas na procura. Está aqui o coração de um resultado sustentável.

Noto que muitas empresas que me procuram em busca de conhecimento em vendas possuem programas evoluídos de obtenção de dados dos clientes, mas não sabem como usar esses dados para a construção do resultado almejado. Ou investem pesado em eventos e ações de engajamento, mas não há critério em relação aos convidados porque não sabem o verdadeiro relacionamento que têm com a marca. Ou compram sistemas robustos de tecnologia, como CRM e afins, mas não treinam os colaboradores adequadamente para alimentar a ferramenta e usá-la em seu potencial de análise. Assim, não montam uma estratégia eficaz com base na carteira de clientes. Justamente por isso o próximo tópico é tão urgente e relevante.

INTELIGÊNCIA COMERCIAL: POR QUE PRECISAMOS FALAR SOBRE ISSO?

A inteligência comercial é um conjunto de *ações estratégicas* que tem como foco a coleta e análise dos dados que levarão vendedores e empresas a resultados extraordinários. É a ferramenta certeira para você impulsionar as vendas. Em outras palavras, *inteligência comercial é tomar ações estratégicas em busca de um resultado*. Não é fazer algo por fazer, porque viu em um vídeo na internet. Mas, sim, fazer porque é algo pensado e planejado.

Desse modo, *desenvolver a própria inteligência comercial é saber coletar as informações que serão importantes para fortalecer a carteira de clientes, ter capacidade de análise dessas informações e entender o melhor perfil de cliente para o seu produto e serviço.*

Passo A **149**

Ainda vejo muitos vendedores trabalhando com feeling, ou intuição, e deixando de desenvolver essa habilidade tão relevante. O mercado de vendas é competitivo, está cada vez mais profissional e menos amador, e tomar decisões fundamentadas em dados pode ser o salto que está faltando em sua carreira.

Você já parou para pensar sobre isso?

DESENVOLVA A SUA INTELIGÊNCIA COMERCIAL

Essa habilidade permite a você coletar dados sobre os clientes, o mercado, os concorrentes, a situação econômica etc., com o objetivo de organizá-los, analisá-los e, assim, ter uma base sólida para tomar melhores decisões comerciais. Alguns exemplos de categorias de informações para construir essa base:

- Perfil demográfico e de consumo dos clientes;
- Fatores objetivos e subjetivos importantes para a decisão de compra;
- Ticket médio;
- Taxa de conversão em vendas;
- *Lifetime value* (LTV, ou valor do ciclo de vida de um cliente);
- Custo de aquisição de cada cliente novo (CAC);
- Desempenho de venda de cada produto ou serviço;
- Sua capacidade produtiva, ou seja, quanto você consegue atender;
- Qual é seu cliente ideal e onde ele está;
- Composição de perfis de clientes (o quanto cada tipo contribui para os resultados e quanto eu tenho de cada um em minha carteira);
- Tempo médio de fechamento de cada pedido/cliente;
- Capacidade de atendimento do vendedor;
- Sazonalidade;
- Análise da rede de relacionamento (networking).

DOMINE O CICLO DE COMPRAS

Você deve olhar a própria carteira de clientes da mesma maneira que um investidor olha a carteira de investimentos: existem os investimentos de curto, médio e longo retorno. Um investidor inteligente nunca coloca tudo na mesma cesta; essa dispersão mantém a constância dos resultados. Com a carteira de clientes, o mesmo acontece. Para essa lógica funcionar, é preciso dominar o ciclo de compras do seu consumidor, o que, por sua vez, depende do produto e serviço e representa o caminho percorrido pelo cliente desde o primeiro contato com o vendedor até o momento em que decide, de fato, realizar a compra. Quando você entende o ciclo, entende o que esse cliente procura em cada etapa do trajeto, e tem mais informações para trabalhar.

É em função desse ciclo que é possível montar, em determinado período, o planejamento estratégico de vendas, além das táticas em cada etapa para levar à conversão e à conquista das metas.

Então, fica aqui a dúvida: qual é o ciclo de compras do seu cliente? Essa informação é valiosa para o vendedor e para a empresa, pois podemos fazer planos de longo prazo com maior previsibilidade a partir dela, mantendo um faturamento mensal médio e otimizando investimentos em ações de prospecção, contratação de equipe e compra de estoque. Vejamos um exemplo.

Imagine vendedores que trabalham com poucos, mas bons clientes. Num tipo de venda em que o vendedor trabalha com um ciclo longo de fechamento, uma venda complexa e de alto ticket. Posto o cenário, vamos pensar em um produto com um ciclo de compra de três meses, ou seja, o cliente demora em média três meses para analisar e fechar o contrato.

Assim, o que meu cliente compra hoje é fruto do trabalho iniciado há três meses. Planto algo em julho para colher em outubro. Em julho, portanto, já estou construindo a minha carteira pensando em outubro. Em outras palavras, é o trabalho realizado em julho que ditará quanto venderei em outubro, e não os clientes que atender em outubro. Estes me ditarão o quanto venderei em dezembro ou janeiro.

Atenção! Este é o ponto mais importante do capítulo. Ao entender isso e começar hoje a olhar a carteira de clientes dessa maneira, colocando-os em uma linha do tempo, organizados pela previsão de fechamento e trabalhando na geração de orçamentos, você *nunca* mais terá um mês ruim. Posso garantir!

Ainda nesse cenário, temos um vendedor com uma taxa de conversão de 25%, e sua meta é de 250 mil reais. Ele precisa gerar oportunidades reais de negócios no valor de 1 milhão de reais ao mês para bater a meta com tranquilidade. Um trabalho construído, e não baseado na sorte. Para isso, o foco do vendedor tem que estar na quantidade de orçamento que ele gera e na previsão de fechamento do cliente. Quando colocada em uma linha do tempo, essa noção dá a ele a real possibilidade de fechamento que tem ou terá em determinado mês.

Em uma empresa em que implantei um programa de desenvolvimento para os vendedores e para a gerência, passei as técnicas de vendas no treinamento inicial e fomos para o próximo passo, que era a parte estratégica da negociação. Ou seja, o desenvolvimento da inteligência comercial. A gerente chegou entusiasmada falando que estava com uma carteira muito boa, de 3 milhões de reais em orçamentos em média. Pensei: *Será?*

Ao nos sentarmos para fazer uma análise, fui separando os clientes em uma linha do tempo de acordo com a previsão de tempo de fechamento de cada um deles e, conforme ela falava, percebi que foi ficando desesperada: "Nossa, Flavia, não tenho nada para este mês!". Respondi: "Calma, ainda bem que percebemos isso no início do mês e vamos achar uma alternativa". Em resumo, nos dois meses seguintes ela tinha previsões maravilhosas, mas no mês vigente não.

Esse é o problema da maioria dos programas de CRM mal analisados ou estruturados: eles dão uma visão global da carteira e isso vira uma cilada que atrapalha a tomada de decisão. A gerente achava que estava tranquila, quando, na verdade, não havia motivo para isso. Ao ter essa consciência no início do mês, deu tempo de salvar a situação, mas poderia não ter sido assim. No entanto, imagine só se ela descobrisse essa situação no dia 20, já nos últimos dias úteis? De repente, de surpresa, os vendedores e gerentes descobrem que terão um mês ruim, quando isso poderia ter sido previsto meses antes e com tempo de realinhamento da rota.

Assim, em função do mercado em que você atua, é possível ter clientes com perfis e sazonalidades diferentes. Tendo essa informação, você pode construir uma carteira compondo os diferentes tipos de clientes de acordo com o perfil para que o resultado seja alcançado. Olhe sempre a quantidade de orçamentos que você está gerando em função da sua taxa de conversão – essa conta deve ser feita em função do valor real e da quantidade de clientes atendidos e vendidos, ok?! – e encontre os seus números. Quando falamos de planejamento estratégico em vendas, aqui deve ser o maior *ponto de atenção* diário, ou semanal. E isso pode mudar em função do produto ou serviço a ser vendido, do vendedor ou gestor.

Agora, vamos imaginar outro cenário. Uma loja de ar-condicionado. Em dezembro, a chegada do verão faz a loja vender sem nenhum esforço. É tanta venda, que os profissionais nem se preocupam em construir carteira de clientes ou olhar o ciclo de compras. Em abril, contudo, quando as temperaturas amenizam, as vendas de ar-condicionado despencam. A loja fica, literalmente, às moscas e permanece nesse cenário até o calor voltar.

Esse é um modelo sustentável de vendas? Nem preciso responder. Se, em vez disso, dominando o ciclo de compras e a sazonalidade, os vendedores usassem a inteligência comercial para administrar as carteiras de clientes de maneira estratégica, venderiam o ano todo. Poderiam construir um relacionamento com o cliente ao longo de todo o ciclo, oferecendo serviços de manutenção e peças, comunicando promoções fora da temporada para clientes que estão em fase de obra, oferecendo todo o serviço de instalação da infraestrutura se a obra estiver em andamento, criando promoções para equipamentos que possuem aquecimento. São muitas as ações que poderiam ser realizadas ao longo do ciclo de compras. O que não dá é ficar sem fazer nada. Por isso, tenha em sua mente que *venda não é sorte, é um trabalho de construção, um trabalho de planejamento.*

COMO COMPOR UMA CARTEIRA DE CLIENTES?

Pergunto: o ideal é compor uma carteira com muitos clientes de ticket baixo e poucos de maior ticket? Ou o contrário? Respondo: o ideal é que seja uma combinação dos dois. Há uma máxima em vendas que dita que "a maior parte dos lucros de uma empresa é gerada por uma minoria de clientes", entretanto isso depende do segmento ao qual a empresa pertence e de sua taxa de conversão; ter clientes de ticket menor ajuda a garantir o resultado do dia a dia.

Não importa se a carteira foi montada em cima de clientes prospectados de uma carteira já existente. O importante é ter inteligência comercial para analisar os dados de vendas e entender o comportamento deles, as características específicas, e agrupá-los de modo a oferecer um tratamento mais adequado às suas necessidades. O objetivo é manter o cliente próximo, fortalecer a relação e gerar lealdade.

Aqui, neste livro, não tratarei da captação de clientes, pois esse tema já daria uma obra completa, mas quero que você pense sobre o assunto para tratar dos clientes que já tem e que não estão comprando com você. Chega de perder dinheiro! Antes de buscar mais, precisamos cuidar do que já temos, até porque o custo dessa atividade é bem menor. O custo de retenção é menor do que o de aquisição de novos clientes.

Assim, para montar uma carteira eficiente, você deve dominar indicadores estratégicos simples de seu negócio, como *taxa de conversão* – que mostra quantos leads viraram clientes (em valor e em quantidade de clientes atendidos) – e ticket médio – que mostra o gasto médio dos clientes por pedido.

Converso com muitos vendedores todos os dias em meus treinamentos e me dói dizer que a maioria não sabe nem um, nem outro. E esse domínio dos números é crucial para um vendedor de alta performance! Vamos mudar isso? Tenho um quadro simples para ajudar você nessa tarefa:

ATIVIDADE

CAMINHOS PARA CONSTRUIR UMA CARTEIRA DE SUCESSO

Primeiro, é necessário que você, *gestor ou vendedor*, faça um levantamento dos seus clientes e de sua situação atual. Dedique o tempo que for necessário para isso, pois esse número será muito valioso para que você conquiste resultados extraordinários e consistentes hoje, amanhã e depois. Tenha coragem; agora é hora de fazer um "raio x", pegar uma lupa, para que possamos entender a real situação e, com assertividade, tomar as ações necessárias. Quando sabemos o diagnóstico, a ansiedade acaba. Então vamos lá! Antes de começar, gostaria de destacar que, talvez, em função do segmento em que você atue, algumas perguntas não façam sentido, então simplesmente pule e vá para a próxima. Tentei ser o mais abrangente possível, mas é importante que você verifique se a pergunta se aplica a seu segmento de atuação.

Passo 1: hora de responder! Vendedor, preencha abaixo e justifique. Gestor, faça o mesmo com cada vendedor.

154 Vendas: ciência ou intuição?

Eu conheço pessoalmente todos os meus clientes da carteira?

Eu conheço o potencial de compra dos meus clientes e mapeio oportunidades para oferecer novos produtos e, assim, aumentar o meu ticket médio?

Com qual frequência eles compram?

Com qual frequência eu mantenho contato?

Eu domino o motivo que leva meus clientes a adotarem as minhas soluções?

Eu conheço as possíveis barreiras que impedem os meus clientes de adotarem as minhas soluções?

Eu analiso constantemente quais clientes estão me dando mais trabalho do que resultado?

Eu conheço o valor do ticket médio dos meus pedidos por segmento de atuação?

Meus clientes têm algum tipo de classificação quanto à periodicidade de compra e/ou valor de pedido?

Tenho clareza de qual é o perfil ideal de cliente no qual devo focar as ações de captação?

Dedico tempo necessário para a análise periódica da minha carteira?

Conto com ações claras para que eu possa avançar com o cliente em cada passo da venda?

158 Vendas: ciência ou intuição?

Tenho ações específicas para cada tipo de cliente que atendo? Ou atendo todos de maneira massiva e despersonalizada?

Quantos orçamentos representam real possibilidade de fechamento e para quando está previsto esse fechamento?

Quanto da minha carteira está inativo? O que posso fazer para reativar esses clientes?

O que posso fazer com minha carteira para melhorar e estreitar o relacionamento?

_____

_____

_____

_____

_____

_____

Passo 2: coloque todos os orçamentos em aberto dentro da linha do tempo e analise qual é a real previsão de fechamento para os próximos meses (um, dois ou três), ou seja, qual é a sua previsão de fechamento dentro do ciclo de compra do seu cliente – pode ser hoje, essa semana e semana que vem; essa periodicidade variará em função do tempo de ciclo de compra de seu produto/serviço.

Passo 3: com a taxa de conversão em mãos, verifique a quantidade de orçamentos que você precisa gerar por mês de acordo com a situação de sua carteira, dentro dessa linha do tempo.

Passo 4: desenhe as estratégias necessárias para que realinhe a rota em função das respostas do questionário anterior. O que você respondeu servirá de guia para que entenda qual caminho precisa seguir, quais atividades precisam ser desenvolvidas.

Com essas estratégias, tenho certeza de que os resultados virão. Dedique o tempo que for necessário. Uma rota bem-definida economiza tempo e dinheiro, além de trazer a tranquilidade que um trabalho estruturado proporciona.

11

Passo B:
Como entregar um pós-venda memorável e manter um relacionamento duradouro com o cliente? O elo para a próxima venda

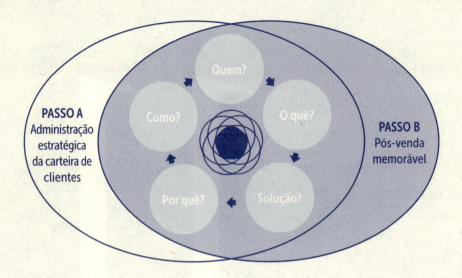

Chegamos ao último passo da metodologia, o pós-venda. É aqui que começa a sua próxima venda. Poderia escrever um livro inteiro sobre as atividades para um pós-venda memorável, mas minha intenção é apenas trazer reflexões sobre o papel do vendedor nessa etapa, sobre como ele deve conduzir o cliente após a conclusão do contrato, e não sobre um processo de pós-venda estruturado.

Assim, o primeiro ponto que precisamos abordar é: o processo de venda não termina quando o cliente fecha a compra. Na verdade, *o fechamento de uma venda é o começo de uma jornada que deve garantir a satisfação e construir relacionamentos duradouros para impulsionar as próximas vendas.* Mas, afinal de contas, o que compreende o pós-venda?

Entendido como o conjunto de atividades e serviços realizados após a conclusão de uma venda, o pós-venda pode fortalecer a relação com o cliente e gerar fidelização. Ou seja, é uma etapa fundamental no ciclo de vendas.

SE QUISERMOS QUE O NOSSO CLIENTE SE LEMBRE DE NÓS, O PÓS-VENDA É O PONTO-CHAVE.

Um pós-venda memorável inicia-se na área comercial, quando todo o encantamento e magia acontecem. Até o momento do fechamento do contrato, o cliente está concretizando um sonho, ou sanando um problema; enfim, ele está na busca e na conquista para a melhor decisão – é nisso que estamos trabalhando. Na sequência, começa a fase da realização das expectativas, em que a magia precisa continuar para ganharmos a lealdade do cliente. É no pós-venda que tudo o que ele almejou será realizado, e a maneira como ele será conduzido fará toda a diferença para a conquista, de fato, desse cliente.

Hoje não falo mais em fidelização, pois, em um mundo cheio de opções, o que se deve esperar do cliente é que ele se lembre de nós como a primeira opção. Isso é lealdade! Assim, como entregar um pós-venda memorável?

O PONTO EMOCIONAL PRINCIPAL NO PÓS-VENDA

Sua resposta está aqui, no PEP, sempre parte crucial para a lealdade do cliente. Durante o atendimento da venda, você identificou o PEP, ou seja, as razões emocionais que impulsionam o seu cliente a comprar algo. Ao acessá-lo, gerou valor e uma ótima experiência de compra ao consumidor. E no *pós-venda você continua usando o PEP para personalizar esse relacionamento*, demonstrando preocupação e considerando as necessidades individuais para oferecer um suporte e acompanhamento que melhor se adequem ao cliente, dentro do que ele espera de você e de sua empresa. Assim, você está garantindo que seu cliente se sinta *valorizado* e *cuidado*. Trabalhar o PEP do cliente é a melhor maneira de entregar um pós-venda memorável.

Para termos a lealdade do nosso cliente, precisamos colocá-lo no centro de tudo. Todas as atividades da empresa precisam ser desenvolvidas para garantir uma jornada de compra positiva e memorável. E, para isso, todos na empresa precisam entender que trabalham em função da satisfação dele. Os departamentos jurídico, de recursos humanos, contabilidade, logística e financeiro trabalham para a satisfação do cliente. Todas as áreas estão vendendo a imagem da empresa o tempo todo, e essa cultura precisa ser vista nas organizações. As empresas precisam ter clareza de que não é só o departamento comercial que vende.

Considerando que as pessoas estão no centro, vamos analisar as cinco etapas para um processo de pós-venda bem-feito, sob a ótica do vendedor:

1. **Respeitar como pessoa**: é preciso considerar as necessidades e individualidades. O cliente comprou com você e merece toda a sua atenção no processo de pós-venda.
2. **Valorizar como cliente**: o cliente é seu bem mais precioso, e manter o relacionamento com ele garantirá a você resultados futuros mais sustentáveis, seja por uma recompra, seja por uma indicação.
3. **Ter agilidade na solução de problemas**: seja rápido e, se possível, se antecipe. Ninguém perde um cliente porque teve um problema, e sim pela maneira como foi conduzida a questão. Caso você não seja o responsável pela solução, acompanhe o atendimento com o departamento responsável. Esteja presente.
4. **Comunicar sempre a verdade**: muitas vezes, as pessoas falam o que o cliente quer ouvir com o intuito de acalmá-lo, mas isso, na verdade, vai gerar um

problema maior no futuro, o que reforçará a experiência negativa. Seja sempre sincero e busque com o responsável a melhor solução para seu cliente.

5. **Ouvir com interesse**: você se lembra de que a escuta é o primeiro elo da relação de confiança? Portanto, ouça o cliente com atenção, mostre interesse e atue no que for preciso para garantir a satisfação dele.

ATIVIDADES E SERVIÇOS QUE, SE REALIZADOS APÓS A VENDA, PODEM CONQUISTAR A LEALDADE DO CLIENTE

Follow-up: entrar em contato com o cliente após a compra para agradecer a preferência, verificar se ele está satisfeito com a aquisição e oferecer ajuda em caso de dúvidas ou problemas. Mostre ao seu cliente que você se importa. Como disse anteriormente, as pessoas querem acolhimento.

Suporte técnico: disponibilizar assistência técnica para ajudar o cliente a utilizar corretamente o produto ou serviço, solucionar problemas ou lidar com eventuais defeitos.

Canais de atendimento ao cliente: apresentar ao cliente os canais de atendimento, como telefone, e-mail ou chat, para que ele possa entrar em contato quando necessário. *Atenção, vendedor, sempre esteja disponível para um cliente que comprou com você, pois ele lembrará de você ao retornar ou fazer uma indicação.*

Acompanhamento de entregas: em casos de produtos físicos, é preciso fornecer informações atualizadas sobre o status de entrega e certificar-se de que o cliente recebeu o que foi comprado. Mostre que você está acompanhando o processo.

Pesquisas de satisfação: realizar pesquisas para obter feedback do cliente sobre a experiência de compra e uso do produto ou serviço, identificando pontos a serem melhorados.

Atualizações e melhorias: informar o cliente sobre atualizações, novas versões ou melhorias no produto ou serviço adquirido, se for o caso.

Veja que a questão *não é o quanto* o cliente comprou, mas, sim, *quanto tempo* ele ficará com você! Vejo muitas empresas gastando verdadeiras fortunas para atrair clientes novos e se esquecendo da sua base de dados proveniente de clientes que já compraram. Esquecendo-se do cliente que já está lá dentro. Esse, infelizmente, é um *modus operandi* frequente. O vendedor entrega um atendimento bacana durante o processo da venda, mas, assim que fecha a venda, desaparece. Evapora! E o mesmo acontece, sinto dizer, com a fidelidade do cliente. Ela evapora.

Por outro lado, *se o cliente tiver um problema no pós-venda, ele se lembrará de quem o resolveu*. A chance de voltar a comprar com você é grande. Até o momento da venda, o cliente está realizando um sonho. Depois que a venda é concretizada, ele quer realizar a expectativa, como vimos anteriormente. E o vendedor que se dedica a um atendimento humano e eficaz nas duas etapas com certeza se diferencia dos demais.

Não estou dizendo que tudo serão "flores" no pós-venda. No entanto, estar perto do seu cliente, caso algo frustre as expectativas dele na entrega, é a melhor maneira de dar o suporte necessário e mantê-lo satisfeito. *Ninguém o conhece melhor do que você*. E, quando digo "dar o suporte", estou falando sobre capitanear a solução do problema, e não abandonar o cliente à própria sorte.

"Ah, isso não é minha função" é o que ouço em alguns momentos. Mas é, sim! Você negociou com ele até o fechamento, é o ponto de contato, e envolver os personagens que podem resolver o problema dele, como departamento técnico, engenharia e afins, é sua responsabilidade. *Não significa que você vai resolver, mas que vai conduzir para a solução.*

É assim que você cria uma carteira de clientes forte. Foi assim que eu construí a minha. Tive clientes fiéis por quase vinte anos. Isso significa que não surgiu nenhum problema ao longo desse tempo? Não. Questões apareceram e foram resolvidas. Eu endereçava o responsável, resolvia os problemas que surgiam de modo que o cliente se sentisse seguro e não quebrasse a relação de confiança adquirida no momento do atendimento e, com isso, sempre pensasse em mim para fazer a próxima compra. Ele voltava, pois sabia que eu estaria lá caso algo fugisse da sua expectativa. *Na busca pela lealdade, o vendedor não perde o cliente por causa de um problema, mas, sim, por não dar a atenção devida ao cliente e ao problema.* O cliente quer que estejamos cuidando de seus interesses.

Assim, o pós-venda constrói relacionamentos sólidos com os clientes, garantindo a satisfação, lealdade e o sucesso sustentável da empresa no mercado. Quer mais motivos para investir nessa ideia? Vamos lá!

166 Vendas: ciência ou intuição?

PARA TERMOS A LEALDADE DO NOSSO CLIENTE, PRECISAMOS COLOCÁ-LO NO CENTRO DE TUDO.

VENDAS: CIÊNCIA OU INTUIÇÃO?
@MARDEGANTR

COMPRAS COMPLEMENTARES

Durante o relacionamento proporcionado pelo pós-venda, pode-se identificar oportunidades de *cross-selling* e *up-selling*, além da oferta de produtos e serviços adicionais – de manutenção e recorrência – que complementem a compra original, beneficiando tanto o cliente quanto a empresa.

AUMENTO DA CONFIANÇA

Quando uma empresa se preocupa com o cliente, mesmo após a venda, demonstra um compromisso com a satisfação e a qualidade dos produtos/serviços oferecidos. Essa atitude gera confiança, essencial para o sucesso a longo prazo.

RECOMENDAÇÕES E BOCA A BOCA

Clientes satisfeitos tendem a recomendar a empresa. O boca a boca positivo é uma maneira poderosa de marketing, pois as pessoas tendem a confiar mais nas indicações de conhecidos do que em publicidade tradicional.

FEEDBACK E MELHORIA CONTÍNUA

O pós-venda oferece uma oportunidade valiosa para receber feedback dos clientes sobre a experiência de compra e uso do produto ou serviço. Esse feedback pode ser usado para identificar pontos fortes e fracos da empresa, permitindo melhorias contínuas em seus produtos ou processos.

REPUTAÇÃO DA EMPRESA

Caso surjam problemas com o produto ou serviço adquirido, um bom atendimento pós-venda pode rapidamente resolver as questões, evitando que o cliente fique insatisfeito e prejudique a reputação da empresa. Assim, você pode atuar para cada vez mais diminuir tais ocorrências. A marca de uma empresa e sua reputação compõem seus principais ativos.

RETENÇÃO DE CLIENTES

É mais econômico e vantajoso para uma empresa manter os clientes atuais do que conquistar novos. O pós-venda bem-feito contribui para a retenção de clientes, o que pode aumentar a receita e o lucro a curto, médio e longo prazo.

DIFERENCIAL COMPETITIVO

Em um mercado competitivo, o pós-venda eficiente é um diferencial e uma maneira de agregar valor aos produtos e serviços, criando vantagem competitiva e confiança.

O pós-venda é o *elo fundamental* no processo de venda e não pode ser negligenciado. Além de todos os benefícios que vimos, ele oferece valiosos insights para o aprimoramento contínuo do negócio. Ao investir em um pós-venda eficiente, a empresa cria um círculo virtuoso de clientes satisfeitos, indicações positivas e crescimento sustentável. Portanto, vendedor, não subestime o poder do atendimento após a compra e colha os frutos de um relacionamento duradouro com seus clientes.

DICAS PARA O GESTOR

Treine o time de vendedores em prol de um pós-venda excelente! Isso mudará o jogo. Quer ver só? Vamos imaginar um cenário: o vendedor fechou uma venda de 700 mil reais, que ajudou a empresa a cumprir a meta do ano. E ele não ganhou só parabéns e "tapinhas nas costas" de seus superiores. Ele foi promovido!

Acontece que, inebriado pelas comemorações, o vendedor simplesmente parou de retornar as ligações do cliente, que se sentiu "abandonado". O que esse cliente fez? Ligou para o gestor de vendas que, com muito jogo de cintura, conseguiu acalmar o cliente – que enfrentava uma frustração em relação à entrega – e reverter a insatisfação com um atendimento de excelência.

Esse cliente "demitiu" o vendedor, mas, diante do bom suporte dado pelo gestor, permaneceu fiel à empresa. Nosso vendedor promovido, no entanto, não conta mais com esse cliente de alto valor em sua carteira. Uma pena, não?!

Não fosse a atuação incisiva do gestor, esse cliente estaria perdido. Daí a importância dos treinamentos contratados para capacitar as equipes de vendas a englobarem habilidades de comunicação e empatia, importantes para o pós-venda. Em meus treinamentos focados no pós-venda, sigo a mesma lógica das chaves da venda; o que muda são as habilidades necessárias em cada etapa, mas, no fundo, a lógica é a mesma. Veja:

- **Passo 1**: acolha o cliente. Ouça-o com atenção, se apresente e busque conhecê-lo o mais rapidamente possível. Antes de ficar enchendo-o com perguntas que vão irritá-lo ainda mais, escute-o atentamente.

- **Passo 2**: descubra a causa da reclamação ou solicitação. Busque colher o maior número de informações. Até porque fazer perguntas tira o cliente do modo "nervoso", se ele estiver, e o traz novamente à razão.
- **Passo 3**: pense na melhor solução para ele dentro do que ele lhe trouxe de solicitação.
- **Passo 4**: agregue valor. Pergunte ao cliente se ele ficará satisfeito com a solução proposta, se o que você está sugerindo atende às necessidades.
- **Passo 5**: concretize o acordado com o cliente. Feche a solicitação e dê andamento ao que for necessário para garantir a satisfação. Acompanhe o processo até o fim.

Curioso, não é? Por isso, tenho certeza de que *essa é a lógica definitiva no atendimento ao cliente na busca da satisfação e entrega de um atendimento memorável.* Então, gestor, adapte as habilidades propostas ao fim de cada capítulo da metodologia, use-as como base para treinar sua equipe de pós-venda e conquiste resultados fantásticos!

ATIVIDADE

Para você, vendedor, tenho uma sugestão: faça uma reflexão e seja sincero consigo. Quanto você tem se dedicado ao pós-venda de seus clientes? Liste a seguir as ações que você pode desenvolver para aprimorá-lo:

1. _____

2. _____

3. _____

4. _____

5. _____

6. _____

7. _____

8. _____

9. _____

10. _____

12

Comece hoje, comece agora: Só depende de você obter resultados extraordinários!

Estamos nos aproximando do fim do livro. Quanto caminhamos, não é mesmo?

Falamos sobre autoconhecimento, empatia, desenvolvimento e empoderamento pessoal, paixão pelo que se faz, relacionamentos que vão além de simples transações comerciais e todos os passos para atingir a excelência como vendedor e conquistar resultados extraordinários. Falamos sobre como as emoções – nossas e dos nossos clientes – influenciam as decisões e como elas merecem atenção. Falamos sobre o quanto vendas é um processo lógico, e não intuitivo, e que vendas pode ser um atributo treinado e aprendido.

Nestas páginas, instiguei você a desenvolver a inteligência comercial para fazer as perguntas certas na hora certa, a transformar dados em informação. Compartilhei uma metodologia universal e definitiva que fornece os passos para resultados incríveis na venda e no pós-venda. Você teve acesso a um manancial de informações estratégicas que ajudarão o seu cliente a tomar a melhor decisão. E exercícios práticos para você fazer sozinho ou com a equipe.

 **AO LEVAR A SOLUÇÃO IDEAL PARA O CLIENTE, VOCÊ ATINGE O SEU POTENCIAL COMO PROFISSIONAL.**

A verdade, contudo, é que nada do que foi lido aqui terá impacto na rotina e se reverterá em mudança se você não praticar. Concorda? Ser o vendedor que você sempre sonhou está a seu alcance, mas é preciso disposição para colocar em prática o plano de mudança.

Assim, para estimular a sua jornada, quero contar o *case* da Fabiola Chagas, dona da loja de tapetes Arabesco Decor, de São Paulo. Quando iniciei com ela o trabalho de consultoria, a loja faturava 900 mil reais por ano. Após cinco anos de trabalho, o faturamento multiplicou-se por sete. Isso mesmo! Se você precisava de um último empurrão para colocar a metodologia em ação, agora não precisa mais.

Veja o que a Fabiola contou:

> *Eu tinha a loja havia três anos e patinava. Com a saída da minha sócia, pensei em fechá-la. Foi justamente quando a Flavia cruzou o meu caminho. Logo no início da consultoria, ela me perguntou: "Qual é a sua meta?". Não titubeei e respondi que queria crescer 30% em um ano.*
>
> *Juntas, elaboramos uma estratégia. Com a ajuda dela, reformulei processos. Com muito trabalho, não só atingi a meta como a ultrapassei: 37% de crescimento em um ano. Isso me motivou a querer mais, então estipulei 50% de meta para o ano seguinte. Eu e minha equipe fizemos os cursos da Flavia e passei a enxergar vendas, e a profissão de vendedor, por uma ótica bem diferente de antes.*
>
> *Hoje, eu vejo como estava deixando as oportunidades escaparem por não perceber o meu potencial. Éramos meros tiradores de pedido, e hoje digo de boca cheia que somos vendedores. Vi o quanto nos superamos ao dominar o conceito do ponto emocional principal e estabelecer essa conexão com o cliente. É realmente incrível como algo tão potente pode ser tão simples de executar.*
>
> *Não foi fácil no início, afinal era uma maneira totalmente diferente de abordar o cliente. Flavia pegou muito no nosso pé no começo, mas só até percebermos os benefícios dessa nova abordagem. As vendas subiram como foguete. Aumentei a minha equipe de três para sete pessoas para dar conta da demanda. Hoje, um de meus vendedores está passando por um novo treinamento com a Flavia, pois acabou de assumir o cargo de gerente.*
>
> *Ele, que é um grande negociador, está enxergando que, nesse novo papel, precisa também ser um ótimo apoiador de sua equipe e dedica seu tempo ao follow-up com os vendedores, ajudando cada um nas abordagens, negociações e nos caminhos para atingir a meta.*
>
> *Por sugestão da Flavia, também adquiri e implantei um novo sistema tecnológico de controle, que integra todos os dados estratégicos*

do negócio. Agora tenho uma visão apurada dos meus números, como taxa de conversão de cada vendedor, ticket médio, orçamentos em aberto etc. Consigo atuar com muito mais propriedade para melhorar os números porque sei onde estão os gaps e as oportunidades. Tenho a empresa na mão, o que me dá muita segurança.

Flavia me proporcionou toda essa reviravolta, essa nova maneira de enxergar o negócio, mas nada teria saído do papel sem a garra. Não é fácil mudar. Não é fácil acordar de manhã e ir trabalhar sabendo que você precisa reaprender a fazer o que sempre fez. Mas nós arregaçamos as mangas e, conforme os resultados vinham, mais empolgados ficávamos em colocar outros ensinamentos em prática para ir atrás de mais e mais. Ter disposição para fazer essa guinada valeu muito a pena.

Hoje, minha loja, que estava prestes a fechar, multiplicou o faturamento por sete. Se você leu este depoimento, instigo você a arregaçar as mangas, puxar o fôlego e não esperar mais para colocar tudo o que aprendeu em prática. Os resultados virão.

Agora, emocionada, pergunto a você: ao longo destas páginas você visualizou o que deseja para sua carreira como vendedor? Entendeu o poder transformador que tem na vida das pessoas?

Quando se empodera, você se permite pensar e sonhar grande. O sucesso está em suas mãos. Colocar os passos da metodologia apresentada em prática é o caminho para realizar o sonho dos seus clientes e, por consequência, o seu. *Você tem o compromisso de realizar os seus sonhos.* Por meio da metodologia, a Paula, vendedora que passou por meus treinamentos, realizou os dela:

Antes da Flavia, eu não me enxergava como vendedora. Nunca achei que tivesse a vocação. Dizia que não conseguia vender, gaguejava, era insegura. Flavia me cobrava aplicar os conhecimentos que adquiria nos treinamentos.

Por ter apenas o Ensino Fundamental, eu não via perspectivas e achava que nunca teria um bom salário. Aos poucos, fui

174 Vendas: ciência ou intuição?

conseguindo aplicar os ensinamentos dela nos atendimentos. E comecei a fazer venda atrás de venda.

Como uma injeção de ânimo, cada venda me dava mais segurança, eu não gaguejava mais. A cada passo da metodologia, eu atendia o cliente com excelência e passei a colecionar clientes fidelizados.

Entender o PEP dos meus clientes, saber a hora certa de dar o passo de cada etapa da venda, ter empatia e inteligência comercial foi uma construção que transformou a minha vida. Tudo porque acessei em mim a essência como vendedora.

Com esforço e dedicação, me moldei na vendedora que sempre quis ser. Sou capaz de encontrar a melhor solução para meus clientes, e isso me abre enormes oportunidades todos os dias. Hoje posso dizer que trabalho em um ótimo ambiente e ganho um bom salário que me permite ter qualidade de vida e acesso a muitas coisas que nem imaginava. Sou privilegiada! E com o apoio de mais treinamentos e conhecimentos, espero crescer mais ainda. Hoje posso proporcionar à minha família coisas que nunca imaginei!

Sentiu a energia? É essa energia que eu quero transmitir para você dar o *start*. Você é a essência das suas grandes vendas! E elas estão esperando por você. Trace um plano de ação e mantenha-se coerente com ele todo o tempo, e não só nos dias seguintes após fechar o livro. Lembre-se todos os dias do seu propósito e objetivo e supere as dificuldades que aparecerem. Se dúvidas surgirem, mantenha o livro por perto.

Aqui, entreguei a minha experiência de quase três décadas. Não guardei nenhum segredo! E fiz tudo isso para que você possa conquistar resultados incríveis e se tornar um vendedor extraordinário. Use o livro como fonte de consulta diária após aquele atendimento difícil ou antes de uma reunião importante. Então, não espere mais, comece já. O sucesso que você sempre sonhou está agora em suas mãos!

VOCÊ É A ESSÊNCIA DAS SUAS GRANDES VENDAS!

ATIVIDADE

ELABORE O PLANO DE MUDANÇA

Chegou a hora de colocar a mão na massa e transformar em realidade o que você deseja para a sua carreira como vendedor. Elenque a seguir as seis primeiras atitudes que você tomará a partir de amanhã para colocá-lo na trilha para as conquistas.

Posso compartilhar algumas atitudes que pratico todos os dias?

1. Tenho clareza dos meus objetivos, sei aonde quero chegar, quais recursos tenho e quais preciso conquistar ainda.

2. Toda sexta-feira, no fim do dia, faço um plano para a semana seguinte, para começar na segunda a todo vapor.

3. Acordo cedo, conecto-me com meu Deus, brinco com a minha cachorrinha e inicio o meu dia exercitada e de maneira positiva. Qual é o seu ritual positivo?

4. Foco a solução, e não os problemas.

5. Assumo responsabilidade pelos meus resultados e, ao fim de cada dia, avalio o que poderia ter sido mais bem-desenvolvido ou conduzido de outra maneira.

6. Procuro sempre olhar para a parte cheia do copo e me motivar. Olhar só para a parte vazia pode gerar indignação e desânimo, o que não ajuda em nada na busca dos resultados.

   Enfim, faça o melhor que você conseguir com as ferramentas que você tem.

Agora é a sua vez!

1. _____

2. _____

3. _____

4. _____

5. _____

6. _____

Depois de escrever quais atitudes adotará, preencha o quadro a seguir.

	Qual benefício essa atitude vai trazer para sua carreira?	Quais os passos para você trazer essa atitude para sua vida?	Estipule um prazo para essa atitude estar completamente adaptada à sua rotina.	O que poderia impedir você de adotar essa atitude e como contornar essa dificuldade?
1.				
2.				
3.				

Qual benefício essa atitude vai trazer para sua carreira?	Quais os passos para você trazer essa atitude para sua vida?	Estipule um prazo para essa atitude estar completamente adaptada à sua rotina.	O que poderia impedir você de adotar essa atitude e como contornar essa dificuldade?
4.			
5.			
6.			

13

Celebre!
Você merece viver agora o sucesso que sempre sonhou

Você despertou para o seu poder extraordinário. Está ciente do enorme potencial transformador da profissão de vendedor e se reconhece como a essência das grandes vendas. Então, chegamos ao fim da nossa trajetória: o momento de enxergar e comemorar a nova vida que essa mudança de consciência vai proporcionar.

Ter segurança para atuar como um vendedor de alta performance é ser assertivo na abordagem com o cliente; é prestar um atendimento de excelência baseado em escuta empática e na entrega da melhor solução para ele. Tudo isso considerando uma possibilidade que só você pode oferecer, porque foi capaz de se conectar e entender profundamente as necessidades e desejos que ele tinha.

Para mim, o sucesso de qualquer negócio passa sempre por uma venda, e por trás dessa venda há um vendedor. Um vendedor que precisa se orgulhar do que faz porque vender não é brincadeira ou amadorismo. Vender é desafiar-se a todo momento! Mas agora você tem um caminho seguro a seguir. Ao dominar tudo o que aprendeu, você pode trilhar os passos para viver o sucesso do tamanho que escolher!

Ser um vendedor de alta performance trará uma série de vantagens pessoais e profissionais. Vamos falar sobre elas?

GANHOS FINANCEIROS

Não dá para deixar isso de fora, não é mesmo? Vendedores de alto desempenho ganham muito dinheiro devido às suas habilidades de fechar vendas com sucesso e atingir metas. Isso pode levar a comissões mais altas, bônus e aumentos salariais. Você poderá proporcionar a si mesmo, ou à sua família, o que sonhar.

RECONHECIMENTO

Vendedores de excelência são reconhecidos pessoal e profissionalmente e recompensados por suas realizações. Isso inclui prêmios da empresa, promoções e, principalmente, clientes fiéis.

CONTRIBUIÇÃO PARA O SUCESSO DA EMPRESA

Vendedores de alta performance têm um papel fundamental no sucesso de uma empresa, ajudando-a a crescer e prosperar. Vender mais e melhor é apenas um detalhe. Entram na conta também fidelização de clientes, agilidade na solução de problemas, maior capacidade de inovação, melhor qualidade do atendimento, entre muitos outros ativos valiosíssimos para qualquer organização. Já para o vendedor, atuar no crescimento de uma loja ou empresa representa sentimento de realização e pertencimento.

DESENVOLVIMENTO DE HABILIDADES

O trabalho de vendas envolve o desenvolvimento de habilidades valiosas, como autoconhecimento, comunicação, negociação, empatia e resiliência. Essas habilidades são transferíveis e úteis em muitas áreas da vida. É só aplicar!

AUTONOMIA

Vendedores empoderados e orgulhosos de seu papel têm mais autonomia em relação ao seu trabalho. Eles podem ter vantagens, como flexibilidade de definir os próprios horários e estratégias de vendas, desde que alcancem os objetivos globais. Enfim, têm maior liberdade e equilíbrio entre a vida pessoal e profissional.

OPORTUNIDADES DE CRESCIMENTO

Vendedores que entregam resultados com consistência têm oportunidades de crescimento incríveis. Isso inclui cargos de liderança ou outras posições de maior responsabilidade.

NETWORKING

A interação com clientes e colegas de trabalho pode levar a uma ampla rede de contatos profissionais, o que é valioso no futuro para oportunidades de emprego, parcerias de negócios. Além de uma grande oportunidade de aprendizado e criação de relações significativas.

ESTABILIDADE PROFISSIONAL

Quem não quer? Vendedores de alta performance são frequentemente vistos como ativos valiosos pelas empresas e, portanto, podem desfrutar de maior estabilidade profissional, mesmo em tempos econômicos difíceis.

SATISFAÇÃO PESSOAL

Alcançar metas de vendas e fechar negócios bem-sucedidos é extremamente gratificante do ponto de vista pessoal. E poder proporcionar a realização dos seus sonhos e dos sonhos de sua família não tem preço!

É tempo de celebrar o seu sucesso pessoal. Afinal, como disse algumas vezes: antes de olharmos para processos comerciais, precisamos olhar para as *pessoas*. São elas que realizam negócios: vendedores e clientes. Então, quero provocar você a olhar para dentro de si: o que vai ganhar ao aplicar a metodologia?

Mais autoconfiança? Quando confiamos em nossa capacidade, nos sentimos mais poderosos, temos maior convicção para agir e ir atrás de nossos sonhos.

Maior autorresponsabilidade? Quando assumimos a responsabilidade por nossas escolhas, em vez de apontar culpados para o que dá errado, assumimos o protagonismo de nossa vida.

Maior controle emocional? Quanto mais nos conhecemos, mais temos consciência de nossas emoções e capacidade de modulação sobre elas. Ao mergulharmos nesse conhecimento de nós mesmos, com um olhar de gentileza para nossas limitações e coragem para continuar a evoluir, abrimos um mundo de oportunidades.

Ser um profissional empoderado que ajuda os clientes a conquistarem os sonhos é, antes de mais nada, um atestado de que você é capaz de fazer o mesmo por si: atender às próprias necessidades, desejos e sonhos. Ao reconhecer o seu valor, você acessa o poder de transformar a própria vida, e isso muda tudo.

Por fim, queria dizer que colher resultados em vendas não é apenas sobre o passado, mas também sobre o futuro. É o seu impulso para alcançar os seus sonhos, transformar a própria vida e a de seus familiares. Nada vence o trabalho e uma boa estratégia! *Aproveite! Curta e celebre os seus bons resultados. Você merece viver o extraordinário em sua vida!*

GLOSSÁRIO

Briefing: em vendas, o briefing pode se referir a um processo ou documento utilizado para coletar informações importantes sobre um potencial cliente ou uma situação de vendas específica. Ele é usado para entender necessidades, desafios, expectativas e objetivos do cliente, possibilitando que o vendedor esteja bem-preparado para oferecer soluções que atendam às demandas de maneira eficaz. Envolve uma série de etapas ou perguntas direcionadas ao cliente, a fim de obter informações relevantes que ajudem na abordagem de vendas.

Budget: em português, orçamento. Refere-se a um termo bastante utilizado em finanças e gestão empresarial. O orçamento, ou budget, é um plano financeiro detalhado que prevê as receitas e despesas de uma pessoa, família, empresa ou entidade durante um período específico – geralmente, um ano. Ele serve como uma ferramenta de controle e planejamento financeiro, permitindo o gerenciamento e a alocação adequada dos recursos disponíveis.

Cross-selling: é uma estratégia de vendas na qual uma empresa oferece produtos ou serviços complementares ou relacionados ao item principal que um cliente está interessado em adquirir. É uma técnica utilizada para aumentar o valor da compra do cliente, oferecendo produtos adicionais que agreguem valor à sua experiência ou atendam a necessidades complementares. Isso acontece, por exemplo, quando você está comprando um celular em uma loja on-line e o site sugere um kit com capa protetora, película e fone de ouvido compatíveis com o modelo escolhido.

Economia circular: modelo econômico e ambiental que busca maximizar a utilização de recursos existentes, reduzir resíduos e minimizar o impacto ambiental ao reutilizar, reciclar e regenerar produtos e materiais. Ao contrário do modelo tradicional linear de "usar e descartar" (também conhecido como economia linear), a economia circular visa criar um ciclo contínuo de recursos, mantendo o valor por mais tempo.

Fast fashion: modelo de negócio da indústria da moda que se caracteriza pela produção em larga escala de roupas a preços acessíveis e com ciclos de lançamento de coleções muito rápidos. Esse modelo visa oferecer peças de vestuário que seguem as últimas tendências da moda a um custo relativamente baixo para os consumidores. As marcas de *fast fashion* geralmente introduzem novas coleções, muitas vezes semanalmente, para acompanhar as tendências atuais, e produzem roupas em grande volume em locais com mão de obra barata, visando a custos de produção mais baixos.

Follow-up: é a prática de acompanhar os clientes após o atendimento, para avançar na jornada de compra, construindo um relacionamento entre o vendedor e a empresa.

Greenwashing: ou "banho verde", indica a injustificada apropriação de virtudes ambientalistas por parte de organizações ou pessoas, mediante o uso de técnicas de marketing e relações públicas.

Leads: são potenciais clientes que demonstraram interesse em produtos ou serviços de uma empresa. Geralmente, eles fornecem informações de contato que permitem o acompanhamento e a conversão, posteriormente, em uma venda.

Lifetime value (LTV): equivale ao valor do ciclo de vida do cliente. É uma métrica de negócios utilizada para calcular o valor financeiro que um cliente médio representa para uma empresa durante todo o período em que ele mantém um relacionamento comercial com a organização. O LTV é uma medida crucial para compreender o valor dos clientes para uma empresa e pode ajudar a orientar estratégias de marketing, precificação, aquisição de clientes e decisões sobre investimentos em relacionamento com o consumidor.

Média de vendas anual: refere-se a uma métrica que calcula a quantidade média de vendas realizadas por um vendedor ao longo de um ano. Essa métrica é usada para avaliar o desempenho de vendas de um vendedor ao longo de um período mais longo e pode ser usada para estabelecer metas, avaliar o progresso e identificar tendências de vendas.
A média de vendas anual é expressa em termos monetários e representa a contribuição média de cada vendedor para o volume total de vendas ao longo de um ano. É útil para entender o desempenho coletivo da equipe de vendas em um período mais longo e identificar variações ou tendências nas vendas ao longo do tempo, ou seja, identificar as sazonalidades e ter a oportunidade de atuar sobre elas. Além disso, a média de vendas anual pode ser usada para estabelecer metas realistas para os vendedores e para avaliar se eles estão alcançando consistentemente suas metas ao longo de um ano. Se essa média estiver abaixo das metas ou das expectativas da empresa, isso pode indicar a necessidade de treinamento adicional, ajustes nas estratégias de vendas ou mudanças nas metas. É uma ferramenta de *benchmarking* (que consiste na análise e comparação do desempenho de uma empresa com o de outras organizações do mesmo setor) para comparar o desempenho dos vendedores em diferentes equipes, regiões ou períodos, ajudando a identificar as melhores práticas e áreas de melhoria.

Netweaving: conceito relacionado ao *networking*, porém com uma abordagem um pouco diferente. Enquanto o *networking* tradicional muitas vezes se concentra na construção de conexões para benefício próprio, o *netweaving* se baseia na ideia de criar e fortalecer conexões entre pessoas com o propósito de ajudar os outros, sem necessariamente esperar algo em troca. O termo *netweaving* é uma combinação das palavras *networking* (rede de contatos) e *weaving* (tecer). Ele enfatiza a criação de uma rede de relacionamentos baseada

Glossário **185**

em colaboração, compartilhamento e apoio mútuo entre as pessoas. A ideia é agir como um facilitador, conectando pessoas que possam se beneficiar umas das outras, promovendo sinergias e oportunidades de colaboração.

Omnicanal: de *omnicanalidade*, que é a estratégia de negócios que visa oferecer uma experiência integrada e consistente aos clientes, independentemente do canal ou meio que eles utilizem para interagir com a empresa. O conceito de omnicanalidade envolve a harmonização e a unificação de diferentes canais de comunicação e vendas para proporcionar uma experiência contínua e sem atritos ao cliente. Esses canais podem incluir lojas físicas, sites, aplicativos móveis, redes sociais, atendimento por telefone, chat e outros. O objetivo principal é permitir que os consumidores transitem de um canal para outro de maneira fluida, mantendo a consistência de informações, serviços e experiências.

Prospect: alguém que demonstrou interesse ou pode vir a demonstrar interesse nos produtos, serviços ou soluções oferecidos por uma empresa. No contexto de vendas e marketing, um *prospect* é alguém que ainda não fez uma compra, mas que foi identificado como quem poderia se beneficiar dos produtos ou serviços da empresa ou ter interesse por eles. Essa pessoa pode ter manifestado interesse de várias maneiras, como preenchendo um formulário on-line, participando de uma pesquisa, demonstrando interesse em um evento ou interagindo com o conteúdo da empresa.

Self-checkout: em português, autoatendimento, é um sistema utilizado em muitos estabelecimentos comerciais, como supermercados, lojas de varejo e grandes armazéns, em que os clientes podem escanear, pesar e pagar por seus próprios produtos sem a necessidade de interação direta com um funcionário de caixa.

Slow fashion: é uma abordagem contrária à moda rápida (*fast fashion*), buscando uma atuação mais consciente, ética e sustentável para a indústria da moda. É um modelo que enfatiza a produção de roupas de maneira mais ética, valorizando qualidade, durabilidade, condições de trabalho justas e impacto ambiental reduzido.

Taxa de conversão em clientes atendidos: é a métrica que mede a eficácia de um vendedor em converter potenciais clientes em clientes reais, ou seja, em pessoas que efetivamente adquirem produtos ou serviços da empresa que o vendedor representa. Essa métrica é importante para avaliar o desempenho de um vendedor na etapa de aquisição de clientes. Quanto maior for a taxa de conversão, melhor o desempenho do vendedor em converter leads em clientes. A fórmula para calcular a taxa de conversão pode ser definida da seguinte maneira:

$$\text{Taxa de conversão em clientes atendidos} = \left(\frac{\text{Número de clientes vendidos}}{\text{Número de potenciais clientes}} \right) \times 100$$

Na qual:

- Número de clientes vendido é o número de pessoas ou empresas que efetivamente compraram produtos ou serviços do vendedor durante um período específico.

- Número de potenciais clientes é o número total de leads ou *prospects* que o vendedor abordou durante o mesmo período.

A taxa de conversão em clientes atendidos é expressa como uma porcentagem e indica a eficiência do vendedor em convencer os potenciais clientes a se tornarem clientes reais.

Essa métrica é crucial para a estratégia e o treinamento de vendedores, pois ajuda a identificar áreas de melhoria, estratégias de vendas mais eficazes e oportunidades para aprimorar as habilidades de persuasão e o fechamento de negócios. Também é importante para a gestão de vendas, pois permite avaliar o desempenho individual dos vendedores e tomar medidas para melhorar a eficácia das equipes de vendas como um todo, bem como realizar um bom planejamento de carteira.

Taxa de conversão em valor orçado: refere-se a uma métrica usada para medir o desempenho do vendedor em relação à capacidade de converter as oportunidades de venda em receita de acordo com o orçamento planejado. Essa métrica é comumente usada em organizações de vendas para avaliar o quão eficaz um vendedor é em atingir as metas de vendas estabelecidas em um orçamento específico. A fórmula para calcular a taxa de conversão em valor orçado pode ser definida da seguinte maneira:

$$\text{Taxa de conversão em valor orçado} = \left(\frac{\text{Receita realizada}}{\text{Valor orçado}} \right) \times 100$$

Na qual:
- Receita realizada é o valor real de vendas gerado pelo vendedor durante um período específico.
- Valor orçado é a quantidade de orçamentos no mesmo período.

A taxa de conversão em valor orçado é expressa como uma porcentagem e indica quão bem o vendedor está performando em relação às metas de vendas definidas. Essa métrica é importante para a gestão de vendas, pois ajuda a identificar áreas de melhoria para os vendedores individuais e permite que a equipe de vendas e a organização como um todo avaliem o desempenho em relação às metas financeiras estabelecidas no orçamento.

Ticket médio: é a uma métrica que mede o valor médio das vendas realizadas por um vendedor em determinado período. Essa métrica é importante para avaliar o desempenho de vendas de um vendedor em relação ao valor médio das transações que ele realiza. A fórmula para calcular o ticket médio é a seguinte:

$$\text{Ticket médio} = \frac{\text{Receita total gerada}}{\text{Número de vendas realizadas}}$$

Na qual:
- Receita total gerada é a soma de todas as vendas realizadas pelo vendedor durante o período em questão.
- Número de vendas realizadas é o total de transações de venda concluídas pelo vendedor durante o mesmo período.

O ticket médio é expresso em termos monetários e representa o valor médio que um cliente gasta em cada transação. Quanto maior for o ticket médio, significa que o vendedor está conseguindo persuadir os clientes a fazerem compras com valores mais altos, o que pode ser um indicativo da habilidade de realizar *cross-selling* ou *up-selling*.

No contexto da estratégia do vendedor, o ticket médio pode ser uma métrica valiosa para ajudá-lo a compreender como está se saindo em relação à maximização do valor de suas vendas. O vendedor pode aprender a identificar oportunidades para aumentar o ticket médio, como sugerir produtos adicionais, promover pacotes ou ofertas especiais e aprimorar as habilidades de venda consultiva. Além disso, a gestão de vendas pode usar o ticket médio como uma ferramenta para avaliar o desempenho dos vendedores, definir metas e identificar áreas de melhoria nas estratégias de vendas e no treinamento.

Treinamentos *in company*: é um programa educacional ou de capacitação desenvolvido e ministrado dentro de uma empresa, direcionado aos colaboradores e adaptado às necessidades específicas da organização.

Turnover: é a taxa ou porcentagem de funcionários que deixam uma organização e são substituídos por novos funcionários durante determinado período. É uma métrica importante para as empresas, pois pode afetar a eficiência operacional, os custos de recrutamento e treinamento, bem como a cultura organizacional.

Muitas empresas procuram manter a taxa de turnover o mais baixa possível, criando ambientes de trabalho que incentivem a retenção de profissionais, oferecendo benefícios atraentes e oportunidades de desenvolvimento de carreira.

Up-selling: é uma estratégia de vendas na qual uma empresa incentiva um cliente a adquirir um produto ou serviço mais caro, de maior qualidade ou com mais recursos do que o produto ou serviço inicialmente considerado. Essa técnica é usada para aumentar o valor total da compra do consumidor. Em comparação com o *cross-selling*, que sugere produtos adicionais relacionados ao item principal, o *up-selling* concentra-se em uma versão mais *premium*.

REFERÊNCIAS

ASSOCIAÇÃO BRASILEIRA DE TREINAMENTO E DESENVOLVIMENTO. **Pesquisa Panorama do Treinamento no Brasil — 2022/2023**: indicadores e tendências em gestão de T&D. 17 ed. 2023. Disponível em: https://drive.google.com/file/d/1ts-K67qIZnMqkuBxgWXKnls6CNo5Kb1s/view. Acesso em: 11 abr. 2023.

BERTINI, E. **Neurônios-espelho e empatia**: bases fisiológicas do comportamento. PUC – SP, 12 set. 2017. Disponível em: https://j.pucsp.br/artigo/neuronios-espelho-e-empatia. Acesso em: 18 maio 2023.

CARNEGIE, D.; CROM, J. O.; CROM, M. **Alta performance em vendas**: como fazer amigos & influenciar clientes para aumentar suas vendas. Rio de Janeiro: BestSeller, 2005.

COHEN, H. **Você pode negociar qualquer coisa**: dicas do melhor negociador do mundo. Rio de Janeiro: Record, 1993.

CONRADO, H. Após 1 ano de pandemia, síndrome de burnout cresce ainda mais. **R7**, 28 fev. 2021. Disponível em: https://noticias.r7.com/saude/apos-1-ano-de-pandemia-sindrome-de-burnout-cresce-ainda-mais-29062022. Acesso em: 11 abr. 2023.

CUDDY, A. **O poder da presença**: como a linguagem corporal pode ajudar você a aumentar sua autoconfiança e a enfrentar os desafios. Rio de Janeiro: Sextante, 2016.

DUNKER, C.; THEBAS, C. **O palhaço e o psicanalista**: como escutar os outros pode transformar vidas. São Paulo: Planeta, 2019.

FREUD, S. Uma dificuldade da psicanálise, 1917. In: FREUD, S. **História de uma Neurose infantil, ("O homem dos lobos"), Além do princípio do prazer e outros textos (1917-1920)**: obras completas volume 14. São Paulo: Companhia das Letras, 2010.

KAHNEMAN, D. **Rápido e devagar**: duas formas de pensar. Rio de Janeiro: Objetiva, 2012.

KRZNARIC, R. **O poder da empatia**: a arte de se colocar no lugar do outro para transformar o mundo. São Paulo: Zahar, 2015.

LITTELL, R. S. **The Heart and Art of NetWeaving**: Building Meaningful Relationships One Connection At a Time. USA: NetWeaving International Press, 2003.

MAHONEY, M. The Subconscious Mind of the Consumer (And How To Reach It). **Harvard Business School**, 13 jan. 2003. Disponível em: https://hbswk.hbs.edu/item/the-subconscious-mind-of-the-consumer-and-how-to-reach-it. Acesso em: 5 out. 2023.

MARTINELLI, D.; NIELSEN, F.; MARTINS, T. **Negociação**: conceitos e aplicações práticas. São Paulo: Saraiva, 2010.

PESQUISA aponta média nacional de investimentos em Treinamento & Desenvolvimento 2019/2020; indústria foi o setor que mais investiu. **ABRH Brasil**, 11 dez. 2019. Disponível em: https://www.abrhbrasil.org.br/cms/pesquisa-aponta-media-nacional-de-investimentos-em-treinamento-industria-foi-o-setor-que-mais-investiu-2/. Acesso em: 11 jul. 2023.

POMBO, B. Número de ações por síndrome de burnout cresce na Justiça do Trabalho. **Sindeprestem**, 12 jan. 2023. Disponível em: https://sindeprestem.com.br/numero-de-acoes-por-sindrome-de-burnout-cresce-na-justica-do-trabalho/. Acesso em: 16 maio 2023.

RACKHAM, N. **Alcançando excelência em vendas**: spin selling. Rio de Janeiro: M.Books, 2008.

SHINYASHIKI, E. **Transforme seus sonhos em vida**: construa o futuro que você merece. São Paulo: Gente, 2012.

SHINYASHIKI, E. **O poder do carisma**: conquiste e influencie pessoas sendo você mesmo. São Paulo: Gente, 2018.

Este livro foi impresso pela Edições Loyola
em papel lux cream 70 g/m² em agosto de 2024.